성경 대신 젖병을

성경대신 젖병을

초판 1쇄 | 2023년 4월 11일 펴냄

지은이 | 김은진
펴낸 곳 | 도서출판 훈훈
주소 | 경기도 고양시 덕양구 소원로267
이메일 | toolor@hanmail.net
홈페이지 | blog.naver.com/toolor
인스타그램 | @hunhun_hunhun
북디자인 | 루디아153

성경대신
젖병을

전업육아에 겁 없이 뛰어든
초보아빠 김은진 목사가 나누는
육아의 신비와 은혜

지은이 **김은진**

흔흔

프
롤
로
그

처음부터 책으로 출판하려는 계획을 가지고 글을 쓰기 시작했던 것은
아니었습니다. 이왕 전업육아를 하는 김에, 아이와의 추억과 일상의 경험
들을 글로 남겨놓으면 좋겠다는 아내의 말에 '순종'하고자 블로그를 개설
했습니다. 처음에는 간단한 일기처럼 써보려고 했었고, 명색이 목사이니
말씀 묵상한 내용들도 같이 담아보려고 했습니다.

시간이 흐르면서, 글을 쓰는 일이 점차 하루 일과에서 가장 중요한 일
이 되었습니다. 마치 만화를 그리는 작가들이 소재를 찾아서 헤매는 것처
럼, 하루 종일 윤이를 더욱 자세히 지켜보게 됐습니다. 윤이가 태어나서
처음 한 행동이나 말, 윤이에게 새롭게 보여준 장난감이나 책, 윤이를 위
해 준비한 다양한 가구나 물품들 등. 모든 것을 유심히 바라봤습니다. 매
일 뭐라도 글을 써야 했기 때문입니다.

그렇게 자세히 지켜보다보니, 아이가 더 사랑스러워지더군요. 글로

쓰지 않았다면 그냥 흘려보내고 완전히 망각해버렸을 사건들과 경험들이 제 머리에 각인되기 시작했습니다. 처음에는 아내를 위해서, 또 윤이를 위해서 쓰기 시작했던 글이, 언젠가부터는 '제 삶을 지탱하는 중요한 축'이 되어있었습니다.

점점 글의 형식도 완성되어갔습니다. 글의 앞부분에는 윤이와 관련된 이야기들을 기록하고, 중간에 말씀 구절을 하나 인용했습니다. 그 말씀을 짧게 해설하고 또 삶과 연결시켜서 적용점을 제시했습니다. 그리고 윤이 사진을 한 장 올리고, 윤이를 향한 편지를 짧게 남겼습니다. 매일 글의 소재가 필요했고, 또 인용할 말씀 구절을 골라야 했고, 사진도 골라야 했습니다. 그 과정이 저를 건강하게 지켜줬습니다.

요즘은 육아휴직을 사용하는 남성들도 상당히 많지만, 저처럼 완전히 갓난아이를 전업육아하는 경우는 흔치 않은 것 같습니다. 그러다보니 정보도 없었고, 커뮤니티도 없었고, 관련한 이야기를 나눌 친구도 없었습니다. 하루 종일 아이와 씨름하다 보면, 마음 한켠이 텅 비어버린 것 같은 쓸쓸함을 느낄 때도 있었습니다.

매일 윤이를 관찰하고, 말씀을 묵상하고, 사진을 골랐던 이 작업이 아니었다면, 제가 너무 외로웠을 것 같습니다. 독자들을 위해 쓰던 글이, 저 자신인 저를 살렸음을 고백합니다.

말씀을 고르고, 해설하고, 묵상하는 과정을 통해서 그 동안 놓치고 있었던 하나님의 따뜻한 마음을 느끼게 된 점은 뜻밖의 수확이자 참으로 감사한 부분입니다. 저는 오랜 기간 차갑고 합리적이고 이성적인 신학을 추구하며 살아왔는데, 그러다보니 하나님도 엄격하고 정의로운 분이라는 이미지를 강하게 품고 있었거든요.

윤이를 보며 가슴이 찡해지고, 눈물이 핑 도는 사랑의 감정을 자주 느꼈습니다. 그 감정과 동일한 감정으로 하나님께서 저를 사랑하신다고 상상했을 때, 그 감각이 너무나 생소했습니다. 정의롭고 거룩하게 살지 않아도 아들인 저를 있는 그대로 품어주시는 하나님의 사랑을 윤이를 통해서 다시 한 번 배울 수 있었습니다.

이 책에는 제가 그 동안 썼던 글 중에서 선별한 60여개의 글이 담겨있습니다. 제가 아들을 보며 뜨거운 사랑을 느꼈던 이야기들, 성경 말씀을 통해서 위로받았던 이야기들, 하나님의 마음을 경험한 이야기들이 여러분에게도 도움이 되었으면 좋겠습니다. 저에게 아들을 통해, 성경을 통해 말씀하셨던 하나님께서 여러분에게도 동일하게 말씀하실 줄 믿습니다.

마지막으로 지면을 빌어 사랑하는 아내에게 감사의 인사를 전하고 싶습니다. 아내는 목사임에도 불구하고 십자가의 사랑을 잊고 신앙을 지적

유희로 격하시키며 살아왔던 저에게 구원의 감격을 회복할 수 있는 기회를 열어줬습니다. 또한 무거운 가장의 역할을 감당하며, 윤이가 성장할 수 있는 환경을 만들어줬습니다. 진심으로 고맙고 감사한 마음입니다. 앞으로 평생 이 고마움을 갚아나가며 서로 사랑할 수 있도록, 최선을 다하겠습니다.

감사합니다.

2023년 4월
김은진 목사

목
차

Chapter 1.

좀 투정부려도 괜찮아.

2022년 6월 30일
D+81, 2개월 20일

"아들을 향한 말(씀)"의 의미

♥♥♥♥♥♥

2022년 4월 11일, 첫 아이가 태어났습니다.

아이의 이름은 '진실로 윤' 자를 써서, '김윤'이라고 지었습니다. 하나님과 사람 앞에서 항상 진실된 사람, 앞뒤가 다르지 않은 사람, 부족함도 겸허히 받아들일 줄 아는 사람, 그런 사람으로 자라나길 기도하고 있습니다.

저는 연세대학교 신학과를 졸업했고, 동대학원에서 신학석사 학위를 받았고, 기독교대한감리회 서울연회에서 안수를 받은 목사입니다. 2018년도부터 군종목사로 사역했고, 2022년 6월 30일, 오늘 전역했습니다. 바로 다음 사역지를 구하지 않고, 당분간 전업주부로 육아를 담당하게 되었습니다. 하나님께서 주신 아이를 전심으로 기를 수 있는 기회를 얻었습니다.

아이를 위해 기도하던 중, "매일 아이를 위해서 해주고 싶은 말을 일기처럼 적어보면 어떨까"라는 생각이 들었습니다. 아이가 하나님 안에서 올바르게 자라날 수 있도록, 목사인 아버지로서 해주고 싶은 말들이 너무나 많기 때문입니다. 그런데 이 주제에 대해서 묵상하다보니, 마치 제가 아들을 위해서 해주고 싶은 말이 있는 것처럼, 하나님께서도 하나님의 아들인 저를 향해서 매일 해주고 싶은 말이 있으실 거란 생각이 들었습니다.

이 블로그에는 매일 "아들을 향한 말"을 적어나갈 계획입니다. 때로는 일기처럼, 때로는 시처럼, 때로는 에세이처럼 손이 가는대로 아들을 향한 교훈들을 풀어내려고 합니다. 그날 하루 윤이를 기르면서 느꼈던 감정들도 담아보려고 합니다. 동시에 이 블로그에는 매일 하나님께서 주시는 "아들을 향한 말씀"을 연결시켜서 적어나갈 계획입니다. 부족하지만 안수받은 목사로서 매일 성경말씀을 묵상하고, 연구하는 일을 지속하면서 그날 주시는 말씀들을 정리해보려고 합니다.

그래서 블로그의 제목을 이중적인 의미로 "아들을 향한 말(씀)"이라고 정했습니다. 또한 괄호 안의 '씀'은 제가 앞으로 하루도 빠지지 않고 매일 글을 쓰겠다는 다짐을 담고 있습니다. 이 글의 독자는 기본적으로는 제 자신과, 제 아들 윤이, 그리고 아내입니다. 그러나 혹여나 이 글이 다른 신앙의 길을 걷는 분들에게도 도움이 되지 않을까 싶어서 공개적으로 올려보려 합니다. 이 글을 읽으시는 모든 분들을 축복합니다. 하나님께서 저와 여러분을 향해 주시는 말씀을 즐겁게 듣고 배우고 익히고 삶으로 실천해내길 소원합니다.

"주의 말씀은 내 발에 등이요 내 길에 빛이니이다" (시편 119:105)

좀 투정부려도 괜찮아!

♥♥♥♥♥♥

오늘은 저에게 여러 의미에서 '첫날'이었습니다.

7월의 첫날, 전역 후 첫날, 민간인으로서의 첫날, 전업육아를 시작한 첫날 등… 첫날은 결심하기 참 좋은 날입니다. 그러나 동시에 첫날 결심 했다가, 금방 그 결심이 무너지는 경우도 많습니다. 매년 1월 1일에는 헬 스장 런닝머신이 가득 찼다가, 1월 3일 즈음 되면 텅 빈다는 우스갯소리 가 있듯이 말입니다.

어떻게 하면 결심한 내용을 오랜 기간 지켜낼 수 있을까요? 아이러니 하게도 결심을 자세하고 무겁게 할수록, 그 결심한 바를 지키기 어렵습니 다. 오히려 가볍게 결심하면, 오래 지킬 수 있습니다. 팔굽혀펴기를 하루 에 100개씩 하자고 결심하고서, 하루밖에 지키지 못했다면, 근육통만 얻 을 뿐입니다. 그러나 하루에 2개씩 하자고 결심하고서, 꾸준히 반복하기 만 한다면 점점 더 건강해져서 언젠가는 2개가 아니라 100개도 할 수 있 게 될 것입니다. 예수님의 말씀이 떠오릅니다.

"내 안에 거하라 나도 너희 안에 거하리라 가지가 포도나무에 붙 어 있지 아니하면 스스로 열매를 맺을 수 없음 같이 너희도 내 안

가지가 해야 할 일이 무엇입니까? "포도나무에 붙어있는 것"입니다. 우리가 해야 할 일이 무엇입니까? "예수님 안에 거하는 것"입니다. 자꾸 거창하게 계획을 세우고, 무거운 결심을 하고, 완벽하게 하겠다는 열정을 불태우는 것만이 정답이 아닙니다. 과도한 욕심으로 스스로를 고통스럽게 하는 인생이 아니라, 예수님 안에서 평화를 누리면서 차근차근 전진하는 저와 여러분이 되길 소원합니다.

윤아!

엄마 아빠의 계획에 따르면, 너가 낮에 2시간을 연속으로 자는 낮잠 시간을 지켜줘야 한단다.

그런데 오늘은 너를 눕혀놓으면 20-30분마다 자꾸 깨서 울고 보채고 난리를 쳤어. 그때 아빠는 예수님 말씀이 떠올랐어. 가지가 포도나무에 붙어만 있으면 되는 것처럼, 윤이가 좀 울어도 괜찮고, 좀 투정부려도 괜찮으니, 크게 아프지 않고 지금처럼 건강하게 자라줬으면 좋겠어.

아빠도 아직 많이 부족한 사람이라, 솔직히 너가 앙앙 울어대면 좀 조급한 마음이 들 때도 있어. "너 지금 자야하는 시간인데! 왜 안자고 울어!"라고 말할 때도 있어. 하지만 아빠의 진심은 그게 아니란다. 울어도 괜찮고, 징징대도 괜찮으니, 아빠의 품에 건강하게 머물러주면 그걸로 충분하단다. 앞으로 더 큰 사랑과 오래참음을 윤이에게 보여줄게! 사랑한다!

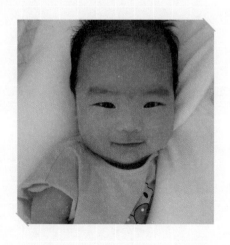

성경대신 젖병을

일단 울어야 합니다!

♥ ♥ ♥

아이가 칭얼대기 시작하면, 저는 아이를 안아서 집안을 돌아다니기 시작합니다. 서재에 가서 책 제목도 읽어주고, 주방에서는 가전기구들 이름을 읊어주고, 돌아다니면서 이런저런 이야기를 해주곤 합니다.

오늘은 아이에게 "아빠는 윤이도 잘 보고 싶고, 또 공부도 해서 실력도 키우고 싶고, 하고 싶은 게 참 많아서 고민이야~ 어떻게 해야 할까~"라는 식으로 혼자서 중얼중얼 말을 걸었습니다. 답을 바라고 했던 말은 아니었습니다. 그런데 아이가 갑자기 뭔가 불편한 듯 "으앙" 하고 울어버렸습니다. 우는 아이를 달래면서, 다시 자세를 고쳐서 안아줬더니 평안한 얼굴로 변했습니다. 저는 아이를 통해서 하나님께서 말씀하셨다고 생각합니다. 아래의 말씀이 떠올랐습니다.

"너는 내게 부르짖으라 내가 네게 응답하겠고 네가 알지 못하는 크고 은밀한 일을 네게 보이리라" (예레미야 33장 3절)

제 아들은 불편한 게 생기면, 바로바로 울어버립니다. 엄마아빠에게 부르짖습니다. 그러면 아이를 사랑하는 저와 아내는 당연히 아이에게 필요한 것을 충족시켜줍니다. 반면에 저는 불편한 게 생기면, 일단 계산부터 했습니다. 제 선에서 해결 가능한 문제인지 판단했습니다. 스스로 할 만큼 다 해보고 나서, 그래도 도저히 안 될 때 비로소 하나님을 찾았습니다.

만약에 제 아들이 배가 고프거나, 속이 안 좋거나, 자세가 불편해서 힘들 때, "좀 힘들지만, 아빠도 바쁘고 피곤하실 테니까 좀 더 참고 이따가 울자"라고 생각고서, 울지 않고 꾹 참는다면⋯ 저는 너무 마음이 아플 것 같습니다. 아들이 저를 신뢰하지 않는다고 생각할 것 같습니다.

하나님도 같은 마음이지 않으실까요? 하나님을 사랑한다면, 부르짖어야 합니다. 이게 부르짖을 만한 일인지 아닌지를 우리가 판단해서는 안 됩니다. 그냥 "아빠!" 하고 부르짖으면, 하나님께서 들으시고, 응답하시고, 우리가 알지 못하는 크고 은밀한 일을 보여주실 것입니다. 우리가 생각하던 것보다 더 좋은 방향으로 해결하실 것이고, 더 올바른 방향으로 인도하실 것입니다.

저도 더 부르짖으려고 합니다. 어디까지 욕심이고, 어디까지 열정인지를 스스로 구분짓지 않을 것입니다. 기도할 때, 하나님께서 알려주시고 앞길을 열어 주실 것임을 믿습니다.

윤아!

솔직히 가끔은 네가 너무 큰 소리로 비명지르듯이 울면, 당황스럽고 답답하기도 해. 하지만, 그래도 계속 울어줘. 뭐가 불편한지 계속 말해줘. 아픈데 말 안하고, 불편한데 꾹 참고 그러고 있지 말고, 바로바로 말해줘. 아빠가 바로 들어줄게! 그리고 엄마아빠만이 아니라, 우리 하나님도 같은 마음을 가지고 계신단다.

윤이가 살아가면서, 어려운 일이 생기거나 고민거리가 생긴다면, 바로 하나님께 말씀드려봐! 들으시고, 응답해주실 거야! 아빠도 윤이 덕분에 잠시 잊고 있었던 당연한 진리를 다시금 깨닫게 되었어. 너무너무 고마워!

남은 하루도 아빠랑 같이 잘 이겨내보자!

사랑해!

처음 마음을 기억하자!

♥♥ ♥ ♥ ♥

지금은 아주 건강하게 자라고 있지만, 태어난 직후에 윤이는 신생아 중환자실에 입원했던 적이 있습니다. 담당교수님께서 충분히 설명해주셨기 때문에, 머리로는 그렇게 크게 걱정할 일이 아니라는 것을 알았지만, 마음은 너무 아팠습니다. 신생아실에 있는 아이들은 매일 저녁 7시에 면회가 가능하지만, 중환자실에 있는 아이들은 면회가 불가능해서 사진으로만 아이를 볼 수 있었습니다. 사진을 보면서, 아이를 위해 기도했습니다.

"건강하게만 자라게 해주세요. 다른건 다 괜찮으니 아프지만 않게 해주세요."

대부분의 부모님들이 처음 아이를 봤을 때, 이렇게 기도하셨을 것입니다. 그런데 안타깝게도 저를 포함해서 많은 사람들이 점점 저 기도를 잊어버립니다. 건강하기만 하면, 아프지만 않으면 충분하다고 진심으로 기도했던 마음이 점점 다른 욕심으로 물들어갑니다. 이것도 잘했으면 좋겠고, 저것도 잘했으면 좋겠고, 말도 좀 잘 듣고, 잠도 좀 잘 자고, 얌전했으면 좋겠고 등등… 사실 저도 오늘 아이가 너무 울어서, 사투를 벌이다가 반성하는 마음으로 이 글을 쓰고 있습니다. 우리에게는 새로운 가르침, 새로운 기적, 새로운 교훈이 필요한 것이 아닙니다. 이미 아는 것을 잘 지키고 기억해야 합니다.

> "네 하나님 여호와께서 너를 인도하여 내실 때에 네가 본 큰 시험과 이적과 기사와 강한 손과 편 팔을 기억하라" (신명기 7장 19절 중)

신명기에는 특히 "기억하라"는 말이 많이 나옵니다. 출애굽을 기억하라, 광야에서의 인도하심을 기억하라 등등. 과거를 기억하여 미래를 준비해 나가라는 말씀이라 생각합니다. 우리도 기억해야 합니다. 처음 자녀를 보며 드렸던 기도의 내용을, 처음 신앙을 가졌을 때의 감격스러운 감정을.

처음 마음을 회복하는 저와 여러분이 되길 소원합니다.

윤아!

처음 널 보며 결심했던 내용들, 기도했던 내용들을 절대로 잊지 않고 기억할게. 아까는 그렇게 울더니 지금은 신나게 놀고 있는 널 보니 아까 제발 좀 자라고 괜히 뭐라 한 거 같아. 어차피 울 때는 울고, 웃을 땐 웃는 게 아기의 삶인데 말이야!

지금처럼 계속 웃으며 행복할 수 있도록, 아빠가 너의 울음과 짜증도 다 받아줄게! 좀 더 놀다가 또 울러가자!

사랑해!

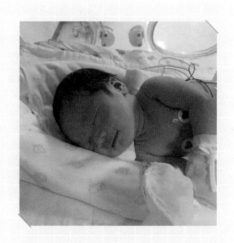

딸바보/아들바보이신 하나님!

♥ ♥ ♥ ♥ ♥ ♥

오늘 아침에 아이 사진을 막 찍는데, 첨부한 이 사진이 손하트를 하는 것처럼 보여서 아내와 제가 한참을 즐거워했습니다. 벌써 엄마아빠한테 사랑한다고 하트를 날린다고 약간 '주접' 비슷하게 웃었습니다. 또 아이가 옹알이를 하다가, "에어컨~" 이런 발음으로 말할 때가 있습니다. 그러면 저와 아내는 또 아기가 벌써 말을 한다고 재밌어합니다. 인터넷에 보니까, 어느 집 아이가 목욕하고 나올 때 옹알이로 "개운해~" 이런 식으로 말했다고 합니다. 그 집 엄마아빠도 그 소리를 들으면서, 천재가 났다고 즐거워했다고 합니다.

저는 아이를 키우면서, "우리가 아이에게만큼은 정말 극단적일 정도로 긍정적인 해석을 하는구나"라는 생각이 들었습니다. 사소한 몸짓 하나, 행동 하나, 소리 하나에도 최대한 의미를 부여하려고 합니다. 아이는 그냥 웃은 건데, 아빠를 보고 웃은 거라고 해석합니다. 아이는 그냥 팔을 흔든 건데, 아빠가 놀아줬더니 신난 거라고 해석합니다.

하나님께서 같은 마음으로 저를 바라보실 것이라고 생각하니, 갑자기 눈물이 핑 돌았습니다. 저를 포함한 많은 신앙인들이 하나님에 대하여 '엄격하고 무서운 아버지'라는 이미지를 가지고 살아갑니다. 하지만 하나님에 대하여 '딸바보, 아들바보인 엄마아빠'라는 이미지를 가지고 살아가는 것이 더욱 올바른 신앙이 아닐까 싶습니다. 하나님은 우리를 벌주시려고 눈에 불을 켜고 죄악을 찾아내는 분이 아니십니다. 오히려 어떻게든 우리를 예쁘게 보시고, 사랑해주시는 분이십니다.

> "이스라엘아 너는 나에게 잊혀지지 아니하리라. 내가 네 허물을 빽빽한 구름 같이, 네 죄를 안개 같이 없이하였으니 너는 내게로 돌아오라." (이사야 44장 21-22절 중 일부)

지금 하나님께서 저와 여러분을 지켜보고 계십니다. 허물과 죄를 찾으려고 무섭게 보시는 게 아니고, 딸바보 아들바보의 눈으로 보십니다. 이 사실로 인하여 참된 기쁨을 누리는 저와 여러분이 되길 소원합니다.

윤아!

너를 지켜보는 것이 즐겁고 행복한 이유는, 너를 보며 아빠가 온갖 상상력을 발휘하기 때문인 것 같아. 네가 거울을 보며 웃는 걸 보면, 아빠는 또 벌써 거울도 볼 줄 안다고 인지능력이 발달했다면서 난리를 친단다.

네가 어쩌다가 핸들을 세게 건드리면, 아빠는 야구선수 시켜야한다고 호들갑을 떤단다. 옹알이를 하다가 단어 비슷한 거만 나와도, 아빠는 네가 벌써 말을 한다고 박수를 친단다.

아빠뿐만 아니라, 널 사랑하시는 하나님도 너를 항상 지켜보고 계셔. 그러니 항상 자신감을 갖고, 당당하고 행복하게 살아가도 괜찮아!

사랑해 윤아!

2022년 7월 15일
D+96, 3개월 5일

생명의 무게를 기억하자!

♥♥♥♥♥♥

윤이는 오늘(22.7.15.) 태어난 지 96일이 되었고, 곧 100일을 앞두고 있습니다. 백일 '잔치'까지는 아니어도, 가족들과 함께 식사하고 축하하는 자리를 준비하고 있습니다. 그런데 솔직히 저는 백일잔치의 의미에 대해서는 깊게 생각해보질 않았습니다. 오늘 그 의미에 대해서 생각해보다가, 처음 아이의 태명을 지었을 때가 생각났습니다. 당시 윤이의 태명을 지으려고 했을 때, 아내가 정현종 시인의 <방문객>이라는 시를 떠올렸습니다.

"한 사람이 온다는 건 실로 어마어마한 일이다.
그는 그의 과거와 현재와
그리고 그의 미래와 함께 오기 때문이다.
한 사람의 일생이 오기 때문이다."

이 아이가 우리에게 찾아온 것이, 마치 온 우주가 우리에게 찾아온 것과 같다는 그런 감정을 느꼈습니다. 그래서 아이의 태명을 '우주'라고 지었습니다. 그리고 어제 인터넷에서 이런 내용의 글을 읽었습니다. "아기가 엄마 뱃속에 있던 280일과 태어난 이후의 100일의 시간을 더한 380이란 시간에 배란일 15일을 빼면 365일, 즉 1년의 시간이 나온다." 아이가 엄마 몸 밖으로 나온 지는 100일이 되었지만, 아이가 '존재'하게 된 지는 1년이 되는 날인 것입니다.

온 우주가 우리에게 찾아온 지 1년이 지났습니다. 그 사이에 우주는 윤이가 되었습니다. 뱃속의 작은 존재는 제법 무거운 아기가 되었습니다. 초음파로 보던 까만 존재가 울고 웃는 밝은 아기가 되었습니다. 우주처럼 귀한 아이를 허락하신 하나님께 감사드립니다. 또한 1년 동안 무럭무럭 자라서 이렇게 밝게 웃는 상태로 엄마 아빠를 바라보고 있는 윤이에게도 너무 고마운 마음입니다.

> "여호와가 우리 하나님이신 줄 너희는 알지어다 그는 우리를 지
> 으신 이요 우리는 그의 것이니 그의 백성이요 그의 기르시는 양
> 이로다." (시편 100편 3절)

저는 앞으로도 우리를 지으신 하나님의 은혜를 기억하면서 감사한 마음으로 육아에 최선을 다해야겠습니다. 혹여나 시간이 흐르면서 아이의 소중함을 망각하고 잊어버릴까 두렵습니다. 다양한 기념일들을 통해서 매번 다시 상기시키고, 잊을만하면 또 묵상하고, 또 기억하고, 또 기도하는 삶을 살고자 합니다. 결코 당연하게 여기지 않고, 생명의 무게를 가볍게 여기지 않으리라 다짐해봅니다.

같은 마음으로, 우리 자신과 우리의 주변의 소중한 존재들을 사랑으로 품어주는 오늘 하루가 되시길 주님의 이름으로 소원합니다.

윤아!

사실 네가 태어난 이후로는 눈에 보이는 너의 성장을 지켜보느라 과거에 대해서 더 많이 묵상하지 못했던 것 같아. 네가 처음 생겼을 때의 감정, 네가 엄마 뱃속에서 자라나고 있던 시기의 일들, 아빠가 품었던 결심과 다짐들, 모두 모두 이번 백일을 기점으로 다시 한번 길게 묵상해보려고 해.

익숙함에 속아서 너의 소중함을 잊지 않도록 노력할게! 아빠가 처음 결심했던 그 마음들을 기억해내고, 더욱 멋진 모습들을 보여줄게!

사랑해 윤아!

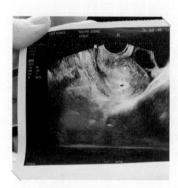 

우리를 기뻐하십니다!

♥ ♥ ♥

아이랑 놀아주다 보면, 제가 아이랑 놀아주는 게 아니라 "아이를 핑계로 나 혼자 재밌게 노는 게 아닐까"라는 생각이 들 때가 있습니다. 방금 전에도 누워있는 아이 옆에서 노래를 부르면서 율동을 하고 열심히 까불면서 놀아줬습니다. 그 모습을 보면서 아이가 "꺄악!" 하며 웃는 걸 보면서 저도 한참 웃었습니다. 실제로 몸을 움직이면서 쇼(?)를 한 건, 아이가 아니라 저였거든요.

솔직히 아이의 앞이 아니고서는, 굳이 높은 하이톤으로 텐션을 높여 말할 일이 없습니다. 몸을 움직여서 율동 비슷한 것을 할 일도 없습니다. 밝게 웃으면서 반응해줄 일도 별로 없습니다. 아이를 위한다고 하지만, 실제로는 이 모든 행동들이 아이에게뿐만 아니라 저에게 아주 건강한 영향력을 미치는 것 같습니다. 하나님께서도 같은 마음이라는 생각을 가지고, 조용히 묵상해봤습니다. 만물을 창조하시고, 여전히 모든 것을 주관하시는 하나님께서 하나님의 자녀인 우리 앞에서만큼은 마음껏 기뻐하시고 즐거워하시지 않을까요?

아이가 손을 꼼지락거리고, 가끔씩 이유를 알 수 없는 미소를 지어주고, 무슨 의미인지 모를 소리를 지르는 모습이 아빠인 저에게 엄청난 기뿜이 되는 것처럼, 또 그 기쁨에 화답하며 아이에게 장난을 치고 아이와 놀아주면서 행복한 것처럼, 하나님께서도 우리의 삶을 지켜보고 계십니다. 우리의 하루하루의 작은 결단과 결심을 기뻐하십니다. 우리가 최선을 다하려고 버둥거리는 것을 감동에 젖은 눈으로 지켜보십니다. 그리고 우리를 보호하시고, 인도하십니다.

> "여호와께서 오직 네 조상들을 기뻐하시고 그들을 사랑하사 그들의 후손인 너희를 만민 중에서 택하셨음이 오늘과 같으니라."
> (신명기 10장 15절)

신명기의 말씀을 보면, 하나님께서 이스라엘 백성들을 "기뻐하시고 그들을 사랑하셨다"라고 기록되어 있습니다. 그리고 조상들뿐만 아니라, 후손들도 계속 기뻐하시고 사랑하시고 선택하셨습니다. 동일한 눈으로 오늘 우리도 바라보십니다. 우리를 기뻐하시고, 우리를 사랑하시고, 우리를 선택하셨습니다.

그 사실을 기억하며 오늘 하루도 당차고 즐거운 마음으로 살아가는 저와 여러분이 되길 소원합니다.

윤아!

아빠는 너랑 노는 게 정말 재밌단다. 사실 아빠도 밖에서는 이제 애가 아니라서, 나름대로 품위도 지켜야 하고 말도 가려서 하고, 행동도 가려서 해야 하는데 네 앞에서만큼은 나도 아이가 된 것만 같아.

그런데 만약에 네가 반응하지 않았다면, 아빠가 이렇게 즐겁게 놀아줄 수 있었을까? 아빠가 놀아주는 모든 행동들을 하나하나 지켜보면서 방긋방긋 웃어주는 네가 있었기 때문에, 아빠도 신나서 같이 노는 것 같아!

앞으로도 아빠랑 같이 즐겁게 지내면서 성장하자! 윤이가 성장할수록, 아빠 혼자 떠드는 게 아니라 서로 대화하는 일이 많아지겠지? 이번 주는 손님들을 많이 만나야 하는데, 같이 재밌게 좋은 추억을 만들어 보자!

사랑해!

함께 즐거워합시다!

♥♥♥♥♥♥

오늘은 윤이가 태어난지 100일이 되는 날입니다.

화요일이다보니, 따로 가족들을 만나기가 어려워서 백일을 축하하는 모임은 미리 주일날과 월요일에 가졌습니다. 백일상을 차려놓고, 가족들과 함께 사진도 찍고, 식사도 하고, 아이의 성장을 함께 지켜보며 즐거워하는 시간을 가졌습니다. 윤이도 손님맞이를 하려는 것인지 친척들을 향해서 밝게 웃어주었습니다. 백일 잔치를 하면서, 아래의 말씀이 떠올랐습니다.

"하나님이 고독한 자들은 가족과 함께 살게 하시며 갇힌 자들은 이끌어 내사 형통하게 하시느니라 오직 거역하는 자들의 거처는 메마른 땅이로다" (시편 68편 6절)

요즘은 개인의 자유를 참 중요시 여기는 시대인 것 같습니다. '나'라는 중심이 제일 중요하고, 내가 세워놓은 울타리에 누군가가 침범하는 것을 극도로 싫어하는 것 같습니다. 그러나 성경은 언제나 '혼자'가 아니라 '함께'가 좋다고 가르칩니다. 혼자는 곧 '갇힌 것'이고, 함께는 '형통'이라고 가르칩니다. 도구적 고독은 필요합니다. 인생의 큰 문제와 위기 앞에서 고요하게 하나님 앞에 서는 고독은 유익한 고독입니다.

그러나 기본적으로 사람은 혼자 살 수 없습니다. 잠시 혼자 지낼 수는 있어도, 영원히 혼자 살 수는 없습니다. 함께 살아야 합니다. 말씀을 묵상하면서, "혼자서 아이를 양육한다"라는 생각을 완전히 버렸습니다. 오히려 홀로 고독하게 살아갈 위기에 처한 저에게, 하나님께서 주신 선물같은 가족이라고 생각하려 합니다.

저와 아내가 윤이를 키우고 있기도 하지만, 반대로 윤이가 저와 아내의 고독을 해결해줍니다.

또한 모든 친척들과의 관계 속에서, 친척들도 윤이를 사랑해주고 또 반대로 윤이도 친척들에게 기쁨을 줍니다. 하나님을 믿을수록, 하나님도 사랑하게 되지만 동시에 사람도 사랑하게 됩니다. 하나님은 '함께'를 좋아하시기 때문입니다.

그 사실을 기억하며 오늘 하루 소중한 사람들과 함께 행복한 하루를 보내시길 소원합니다.

윤아!

건강하게 100일을 맞이하게 된 것을 진심으로 축하해! 너라 함께한 지난 100일은 아빠가 살면서 겪었던 그 어떤 100일보다 소중했어.

윤이가 처음 태어난 순간, 처음 안아봤던 순간, 처음 밥을 먹였던 순간, 처음 목욕을 시켜줬던 순간, 모든 순간이 소중한 기억으로 남아있어. 윤이라 함께할 수 있어서 너무 행복해. 엄마랑 아빠랑 윤이랑 서로서로 힘이 되어주고 위로가 되어주는 가정을 만들어가자!

주일, 월요일에 윤이가 손님맞이도 너무 잘해줘서 그것도 너무 감사한 마음이야! 찾아온 모든 친척분들에게 잘 웃어줘서 너무 고마워! 앞으로도 건강하게 자라면서, 소중한 가족들과 행복하게 지내자!

사랑해 윤아!

다시 한 번 백일 축하해!

옆에서 함께 기뻐합시다!

♥♥ ♥ ♥

오늘은 아내와 함께 윤이를 데리고 서울로 첫 대면 예배를 다녀왔습니다. 저는 대학교 2학년이었던 2009년도 3월부터 출석하기 시작해서, 군종장교로 입대했던 2018년도 4월까지 계속 한 교회를 섬겼습니다. 제 청년시절의 모든 추억이 담겨있는 교회이고, 전도사로, 부목사로 섬기며 훈련받았던 마음의 고향 같은 교회입니다.

교회에 도착해서 많은 성도님들을 만나고 인사했습니다. 성도님들께서 전역도 축하해주시고, 아이 백일도 축하해주시고, 아이의 앞으로의 성장을 위해 축복해주셨습니다. 예배 광고시간에 담임목사님께서 아기 첫 나들이를 축복하는 기도를 해주셨습니다. 저와 아내는 양 옆에서 같이 기도하고, 담임목사님께서 아이를 안고, 안수하며 기도해주셨습니다. 기도해주셨던 내용 중에 이런 표현이 있었습니다.

"온 교우들이 기뻐하며 축하합니다."

오랜만에 방문한 소속목사를 반겨주시고, 아이의 백일을 모두 지켜보며 기뻐해주시고, 축하해주시는 것이 너무나 감사했습니다. 그 과정에서 제가 정말 좋아하는 말씀 구절이 떠올랐습니다.

"한 사람이면 패하겠거니와 두 사람이면 맞설 수 있나니 세 겹
줄은 쉽게 끊어지지 아니하느니라" (전도서 4장 12절)

하나님께서는 우리를 홀로 두지 않으십니다. 우리는 기쁜 일도, 슬픈
일도 함께 나눠야 합니다. 한 사람이면 세상 속에서 실패하기 쉽습니다.
세상의 가치에 휘둘리기 쉽습니다. 그러나 두 사람이면 맞설 수 있습니
다. 세 사람이면 능히 싸워 이길 수 있습니다.

제 아들뿐만 아니라, 오늘을 살아가는 모든 다음세대의 아이들이 신
앙적 가치관과 대비되는 세상의 가치관과 싸워야 할 것입니다. "서로 사
랑하라"는 성경의 가르침과 "최대한의 이득을 추구하라"는 세상의 가르
침 속에서 갈등하게 될 것입니다. 그럴 때, 우리는 아이들이 혼자 맞서도
록 내버려둬서는 안 됩니다. 아이들의 옆에 서서, '두 사람'이 되어줘야 합
니다. 교회는 아이들의 옆에 서서, '세 겹 줄'이 되어줘야 합니다.

오늘 오랜만에 방문한 교회에서 모든 성도님들이 함께 기뻐하며 축
하해주셨듯이, 저와 여러분도 각자의 자리에서 '함께하는 사역'을 감당하
게 되길 주님의 이름으로 소원합니다.

윤아!

오늘은 네가 태어나서 처음으로 서울에 갔다온 날이었어. 아빠에게는 너무나 익숙하고 수많은 추억이 담긴 교회였지만, 윤이는 처음 가보는 곳이었어서 조금 어색하기도 했을거야. 그래도 아빠는 윤이가 꼭 기억했으면 좋겠어. 윤이를 처음 보는 저 수많은 성도님들이, 윤이를 얼마나 기뻐하고 축하해주셨는지!

처음 보는 아이지만 남이라고 생각하지 않고, 먼저 다가와서 웃어주시고, 축복해주시고, 기도를 약속해주셨던 성도님들이 있으니 윤이는 앞으로 언제나 혼자가 아니란다! 일단 엄마랑 아빠가 옆에 있을 거고, 또 많은 사람들이 윤이 뒤에서 든든한 힘이 되어줄 거야! 그렇게 많은 사랑을 받으면서 무럭무럭 자라서, 언젠가는 윤이도 누군가의 옆에서 함께 기뻐해주는 그런 사람으로 성장했으면 좋겠어.

아빠도 꼭 그런 사람이 되어줄게! 먼길 오가느라 수고 많았어 윤아!

사랑해!

인연의 소중함을 아는 사람!

♥♥♥♥♥♥

2018년도부터 2022년까지 4년 동안 공군 군종목사로 섬기면서, 정말 많은 병사들을 만났습니다. 저는 병사들에게 단 한 번도 예배 출석을 강요한 적이 없습니다. 자꾸 '목사'라는 직업으로 접근하려고 하면, 오히려 인격적인 관계가 망가진다고 생각했습니다.

그래서 그냥 친구가 되려고 했습니다. 강요하기보다는 재밌게 놀려고 했습니다. 다행히도 병사들이 좋게 생각해줘서, 마음을 나눌 수 있는 좋은 인연들이 많아졌습니다. 얼마 전에 전역하면서, 저보다 먼저 전역해서 사회에서 살아가고 있는 '친구'들에게 연락을 돌렸습니다. 나는 집에서 전업육아를 하고 있을 테니, 언제든 놀러와 달라는 내용의 문자였습니다. 많은 친구들이 꼭 시간 내서 방문해주겠다고 답장을 보내줬습니다. 어제 세 명의 병사들이 집에 찾아와줬습니다. 그 세 명이 각각 사는 지역도 다르고, 거리가 먼데도 안성까지 놀러와 줘서 너무 고마웠습니다.

윤이가 원래 12시부터 2시까지 낮잠 시간이긴 한데, 어제는 유독 더 잘 잤습니다. 병사들과 함께 밥도 먹고, 케이크도 먹고, 커피도 마시고 한참을 떠들고 놀 수 있도록 윤이가 배려해줬습니다. 마치 "오늘은 내가 중간에 안 깨고 푹 자줄 테니까, 재밌게 놀아~"라고 말해주는 것 같았습니다. 푹 자고 일어나서는 형들에게 방긋 웃는 모습도 보여주고, 옹알이 소리도 들려주고, 팬서비스를 아주 확실하게 했습니다.

전역 후에 각자 어떻게 지냈는지 이야기하고, 좋은 일은 축하해주고, 안 좋은 일은 위로해주며, 인연은 만들어가는 것이라는 생각이 들었습니다. 그냥 군대에서 만났던 병사와 간부 사이로, 대충 이름과 얼굴만 기억하는 정도의 사이로 끝날 수도 있는 것이 일반적인 군대 내의 관계입니다. 그러나 서로 조금씩 기억해서 연락하고, 또 시간을 내서 만나기도 하고, 그 과정에서 서로의 행복한 경험들과 안타까운 경험들을 나누다보면, 그 관계가 좋은 인연으로 발전하게 되는 것 같습니다.

"즐거워하는 자들과 함께 즐거워하고 우는 자들과 함께 울라"(로마서 12장 15절)

올바른 공동체라면, 하나님이 기뻐하시는 관계라면, 그 속에 올바른 '나눔'이 있기 마련입니다. 즐거워하는 자들과 함께 즐거워해야 합니다. 우는 자들과 함께 울어야 합니다. 즐거워하는 사람들 옆에서 꼭 분위기를 망치고 초치는 사람이 있습니다. 반대로 우는 자들 옆에서 뭐 그런 걸 가지고 우냐며 손가락질 하는 사람도 있습니다. 그런 사람들에게는 하나님의 평화가 임할 수 없습니다.

병사들이 떠나고 나서, 윤이를 위한 기도제목이 생겼습니다. 윤이가 '인연의 소중함을 아는 사람'으로 자라길 기도합니다. 사람을 도구로 대하지 말고, 함부로 평가하지 말고, 친구들과 친밀하게 삶을 나누며, 기쁠 때나 슬플 때나 옆에 같이 있어주는 좋은 사람으로 성장했으면 좋겠습니다. 저와 여러분도 누군가에게 그런 사람이 되어주어야 합니다.

인연의 소중함을 아는 오늘 하루를 살아가시길 주님의 이름으로 축원합니다.

윤아!

어제는 윤이가 아빠를 잘 도와줘서 덕분에 친구들과 재밌는 시간을 보낼 수 있었어! 어제 잘 했으니까, 오늘 좀 말썽부려도 다 정상참작 해줄게!

윤이가 지금은 아빠랑 집에만 있지만, 조금 더 시간이 흐르면 다른 친구들을 사귀게 될 거야. 시간이 한참 더 흐르고 나면, 서로 마음을 터놓을 수 있는 또래친구가 필요한 시기도 올 테고 … 그럴 때, 윤이가 인연을 소중하게 여겼으면 좋겠어. 그러려면 아빠가 잘 가르쳐야겠지? 아빠부터 사람을 소중히 여기는 모습을 꾸준히 너에게 보여줘야 할 거야.

가장 먼저, 엄마랑 아빠가 윤이의 든든한 친구가 되어줄게! 기쁜 일과 슬픈 일을 얼마든지 조잘조잘 이야기할 수 있는, 좋은 친구가 되어줄게! 그러니 너도 밖에서 다른 누군가에게, 좋은 친구가 되어주길 바래. 그 과정이 정말 행복할거야! 이제 곧 깰 텐데, 오후에도 잘 부탁한다! 사랑해!

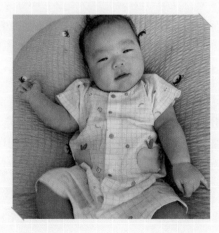

2022년 7월 30일
D+111, 3개월 20일

위로하는 사람이 됩시다!

♥♥♥♥♥

윤이가 유독 저를 고생시키는 날이 있습니다. 더 많이 울고, 더 짜증
내고, 평소와 전혀 다르게 행동하는 날들이 종종 있습니다. 나름대로 마
인드 컨트롤도 하고, 블로그에 글도 쓰면서 계속 마음을 다잡고 있지만,
그래도 답답한 것은 사실입니다. 그리고 오늘이 바로 그런 날이었습니다.
오전에 정말 윤이가 너무 심하게 울어서 마음이 무거웠습니다.

그러던 중, 오늘은 아내가 오전 근무만 하고 점심 즈음에 집에 돌아
왔습니다. 그리고 몇 시간 뒤에 다음 낮잠을 자는 시간에 윤이가 또 한 번
엄청나게 울면서 저와 아내를 괴롭혔습니다. 그런데 신기하게도, 아내가
제가 오전에 겪었던 어려움을 그대로 경험하면서, 저에게 공감해주고 "정
말 힘들었겠다"라며 이해해주니 마음이 너무너무 편안해지는 걸 느꼈습니
다.

같은 경험을 한 사람만이 해줄 수 있는 참된 위로가 있는 것 같습니
다. 그런 의미에서 '어려움'은 무조건 부정적인 것이 아니라 앞으로 비슷
한 어려움을 겪게 될 사람들을 위로하기 위한 '훈련'이 아닐까 싶습니다.

"우리의 모든 환난 중에서 우리를 위로하사 우리로 하여금 하나

님께 받는 위로로써 모든 환난 중에 있는 자들을 능히 위로하게 하시는 이시로다" (고린도후서 1장 4절)

고린도후서의 저자는 하나님의 위로에 대하여 두 가지 교훈을 주고 있습니다. 첫째, 하나님은 "환난 중에서 우리를 위로"하시는 분이십니다. 어려운 일을 당할 때, 우리를 내버려 두지 않으십니다. 그런데 우리 개인을 위로해주시는 것에서 그치지 않습니다. 두 번째로, 하나님은 "모든 환난 중에 있는 자들을 능히 위로하게 하시는 이"이십니다. 즉, 하나님은 우리를 위로하시고, 또 동시에 우리가 누군가를 위로하는 사람이 되도록 성장시키십니다. 아이를 키우는 과정뿐만 아니라, 인생의 여러 어려움과 환난들이 모두 마찬가지라는 생각이 듭니다.

환난 중에 위로하시는 하나님을 신뢰하고, 또 다른 환난 중에 있는 자들을 '위로하는 자'로 성장해가는 저와 여러분이 되길 소원합니다.

윤아!

오늘 하루 종일 엄마랑 아빠를 아주 공평하게 둘 다 힘들게 하더니 지금은 풍선 가지고 신나게 놀고 있구나. 그래도 너 덕분에 엄마랑 아빠랑 한 팀으로 같이 성장하고 배우게 되는 것 같아! 이왕이면 안 울었으면 좋겠지만! 그건 어렵겠지?

엄마랑 아빠가 서로를 위로해주는 관계로 성장해가듯이, 앞으로 윤이가 커가면서 이기적인 사람이 아니라 다른 사람을 위로해주는 사람으로 자랐으면 좋겠어. 그렇게 서로 위로하면서 살아가는 것이 진짜 기쁨이라는 걸 앞으로도 조금씩 배워가자! 저녁에는 오랜만에 물놀이도 해보자!

사랑해 윤아!

주어진 것들을 적절하게 사용합시다!

♥♥♥♥♥♥

2주 전에 윤이 백일상을 차리면서, "사랑하는 윤이의 100일"이라는 문구가 프린팅 된 헬륨 풍선을 구입했습니다. 가족들과 함께 식사를 하고, 같이 사진을 찍을 때, 소품 역할을 잘 감당했던 풍선은 그동안 계속 거실 한 구석에 방치된 상태로 동동 떠있었습니다.

그러다가 며칠 전, 아기들이 풍선을 좋아한다는 글을 읽고 나서 헬륨 풍선을 윤이에게 줘봤습니다. 엄청나게 좋아하는 윤이의 모습을 보고 나니, 진작에 윤이 장난감으로 줄 걸 하는 생각이 들었습니다. 2주 동안 방치되어 있다 보니, 크기가 상당히 작아진 상태였기 때문입니다. 똑같은 풍선인데, 행사 때는 소품 역할을 하고, 잊어버렸을 때는 방치되어서 아무도 관심 없는 물건이 되고, 윤이에게 주면 신나는 장난감이 되고, 강아지에게 가져다주면 소스라치게 놀라곤 합니다. 윤이랑 풍선을 가지고 놀다가 갑자기 삼손의 일화가 떠올랐습니다.

"삼손이 나귀의 새 턱뼈를 보고 손을 내밀어 집어들고 그것으로 천 명을 죽이고 이르되 나귀의 턱뼈로 한 더미, 두 더미를 쌓았음 이여 나귀의 턱뼈로 내가 천 명을 죽였도다 하니라" (사사기 15장 15-16절)

주석을 보니, 죽은 지 얼마 안 되는 나귀의 턱뼈는 탄성이 좋아서 곡식을 추수할 때, 낫 대용으로 사용하기도 했다고 합니다. 그러나 누군가 챙겨서 보관하지 않았다면, 그냥 사막에 굴러다니는 쓰레기였을 것입니다. 농부가 잡았다면, 추수할 때 잠시 사용하는 보조 도구 정도 역할을 했을 것입니다. 하지만 이스라엘의 사사였던 삼손이라는 사람이 잡으니까 수많은 원수들을 무찌르는 무기가 됩니다.

저와 여러분에게도 매일 주어지는 풍선과 같은 무언가, 나귀 턱뼈와 같은 무언가가 있습니다.

그것은 물건일 수도 있고, 만나는 사람일 수도 있고, 사람과 나누는 대화일 수도 있습니다. 그 모든 것들이 그 자체로 의미가 결정되는 것이 아니라, 어떻게 사용하느냐, 누가 사용하느냐에 따라서 의미가 달라지는 것들임을 기억하길 소원합니다.

구석에서 계속 방치되던 풍선이, 아이가 제일 재밌게 가지고 노는 장난감이 된 것처럼, 길바닥의 나귀 턱뼈가 삼손의 손에서 무기로 사용된 것처럼, 오늘 우리가 경험하는 모든 삶의 사건들을 하나님의 뜻에 합당하게 올바르게 해석하고, 의미를 부여하는 저와 여러분이 되길 소원합니다.

윤아!

지금도 아빠가 편하게 글을 쓸 수 있도록 풍선을 보면서 놀아줘서 너무 고마워! 2주 동안 구석에서 쓸쓸하게 떠다니던 이 풍선을 윤이가 이렇게 좋아할 줄 몰랐어. 앞으로도 엄마랑 아빠가 모든 주어진 것들을 적절하게 잘 사용해서 윤이를 즐겁게 해 줄게!

윤이도 앞으로 성장해나가면서, 하나님께서 주신 모든 삶의 선물들을 잘 활용해나갔으면 좋겠어. 손에 없는 것을 한탄하고, 왜 나는 이게 없냐고 화를 내는 것이 아니라, 우리의 손에 쥐어주신 선물들을 적절하게 잘 사용하면서, 그 의미를 찾아내고 그 속에서 진짜 기쁨을 발견했으면 좋겠어! 오늘도 행복하게 잘 버텨보자 윤아!

사랑해!

Chapter 2.

작은 모빌이 아니라, 거대한 우주

2022년 8월 4일
D+116, 3개월 25일

작은 모빌이 아니라, 거대한 우주입니다!

♥♥♥♥♥♥

가끔씩 윤이가 한 곳을 멍하니 쳐다볼 때가 있습니다. 오늘도 아침에 바스락거리는 장난감을 유심히 쳐다보면서, 멍한 표정을 짓고 있었습니다. 마치 엄청난 보물을 발견한 것처럼, 황홀한 광경을 본 것처럼, 한 곳을 응시하는걸 보면서 무슨 생각을 하는지 궁금했습니다. 인터넷에 검색해보니, 3~4개월 아기가 움직이는 것이나 반짝이는 것을 멍하니 쳐다보는 것은 아주 정상적인 반응이었습니다. 그 중에 한 육아사이트에서 이런 내용의 글을 봤습니다.

"아이에게는 작은 모빌이 거대한 우주와도 같습니다."

이 글을 읽으면서, 윤이가 세상을 보는 모습을 우리가 배워야 한다는 생각이 들었습니다.

"이에 그들의 눈이 밝아져 자기들이 벗은 줄을 알고 무화과나무 잎을 엮어 치마로 삼았더라 " (창세기 3장 7절)

선악과를 먹었던 아담과 하와는 눈이 밝아졌습니다. 여기서 눈이 밝아졌다는 뜻은, 본래 눈이 어두웠다가 갑자기 더 좋아졌다는 의미가 아닙니다. 이전까지는 하나님이 창조하신 세상과 자기 자신을 있는 그대로 봤습니다. 그러나 이제는 비교하고 평가하기 시작했다는 의미입니다. 이전에는 하나님의 '절대적'인 시선으로 세상을 봤다면, 이제는 인간의 '상대적'인 시선으로 세상을 보게 되었다는 뜻입니다. 아이는 장난감을 비교하거나 평가하지 않습니다. 눈에 보이는 것의 놀라움에 그저 감격할 뿐입니다.

반면에 어른들은 사소한 것 하나까지도 하나하나 다 비교합니다. 옷도 비교하고, 먹는 것도 비교하고, 가진 것들 하나하나를 아주 조목조목 비교합니다. 내가 입고 먹고 누리는 모든 것이 충분히 가치 있고 귀한 것임에도 불구하고, 비교하는 순간 내가 누리는 것들이 무가치하게 느껴지게 됩니다. 그 비교의식에서 온갖 불행이 생기는 것이 아닐까요?

우리가 하나님을 믿는다는 것은, 하나님의 시선을 배우는 것입니다. 사람들이 서로 비교하면서 서로를 상처 입히고, 서로를 미워하며 살아갈 때, 우리는 하나님의 절대적인 사랑의 눈으로 서로를 보듬어줘야 합니다. 작은 모빌 속에서 거대한 우주를 보는 어린아이들처럼, 우리가 가진 것들의 소중함과 의미를 기억하는 저와 여러분이 되길 소원합니다.

윤아!

네가 누워서 혼자 노는 것을 보고 있으면, 저렇게 작은 매트에 눕혀놨는데도 참 잘 논다고 생각했었어. 하지만 오늘 글을 쓰면서, 그게 아빠의 잘못된 시선이라는 생각이 들더라. 윤이는 지금 거대한 우주에서, 너무너무 신나고 재미있는 것들로 둘러쌓여서 살고 있는 걸 텐데! 그걸 보고 어른들은, 작은 곳에서 맨날 똑같은 것만 본다고 생각하는 것 같아.

아빠도 너랑 집안에서 함께있는 이 시간들을 반복되는 지루한 일상이라고 생각하지 않을게. 매일 새롭고 놀라운 시간, 윤이랑 함께 보내는 재밌는 시간이라고 생각하도록 노력할게! 오늘도 엄마 올 때까지 남은 시간들 잘 버텨보자!

사랑해!

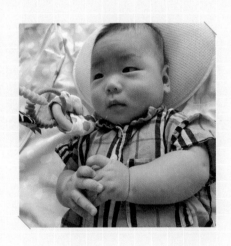

방긋 웃어봅시다!

   아이를 키우면서, 미소가 얼마나 큰 힘을 가지고 있는지를 느끼게 됩니다. 윤이가 말썽을 피울 때도 있지만, 잔뜩 엄마 아빠를 힘들게 하다가도 갑자기 활짝 미소를 지어주면, 마음이 사르르 녹아버리는 것 같은 느낌이 듭니다.

   윤이가 아침에 원래 일어나야 하는 시간보다 일찍 일어나서 난리를 피울 때가 종종 있습니다. 저와 아내는 가능하면 아이가 울자마자 바로 달려가기보다는, 타이머를 활용해서 2-3분 정도는 기다려보는 편입니다. 그래야 아이가 스스로 진정하는 법을 배울 수 있다고 하기 때문입니다.

   좀 기다려줬는데도 계속 울면, 어쩔 수 없이 달래주러 가까이 갑니다. 울고 짜증내는 아이를 달래기 위해서 가까이 다가갈 때, 솔직히 엄청나게 기쁜 마음으로 가기는 어렵습니다. 속으로 "윤아~ 아빠도 조금만 더 자면 안 될까~"라고 약간 한탄하면서 아이 침대 쪽으로 향하게 됩니다. 그런데 신기하게도 윤이에게 다가가면, 윤이가 제 얼굴을 보고 활짝 웃어줍니다.

   아침 6시 정도여서 아직 방이 어둡지만, 그래도 밖에서 빛이 좀 들어와서 윤이 얼굴은 정확하게 보이는 편입니다. 어두운 방에서 희미하게 보이는 아이의 미소는 제 속의 피곤함과 짜증을 몰아내 줍니다. "왜 안 자고 우는 거야!"라고 한 마디 하려는 마음가짐으로 다가갔지만, 그 미소를 보고 부드러운 마음으로 아이를 안아주게 됩니다. 그 미소를 보면, 윤이가 저를 골탕 먹이고 괴롭히려고 우는 게 아니라는 것을 느끼게 됩니다. 오늘도 윤이의 미소를 바라보다가, 아래 말씀이 떠올랐습니다.

> "너의 하나님 여호와가 너의 가운데에 계시니 그는 구원을 베푸실 전능자이시라 그가 너로 말미암아 기쁨을 이기지 못하시며 너를 잠잠히 사랑하시며 너로 말미암아 즐거이 부르며 기뻐하시리라 하리라" (스바냐 3장 17절)

우리는 하나님을 무뚝뚝하고 무서운 분, 멀리 있는 분, 개념적인 분이라고 생각하곤 합니다. 그러나 본문은 하나님이 우리로 인하여 "기쁨을 이기지 못하신다"라고 말씀합니다. 제가 아들의 미소를 보면서 완전히 마음이 녹아버리는 그 마음. 그 마음으로 하나님께서 우리를 보십니다. 생생한 감정을 가지고 우리와 관계 맺길 원하시는 분이십니다. 또 우리를 사랑하시고, 우리로 말미암아 "즐거이 부르신다"라고 기록되어 있습니다. 제가 아이를 보며 예쁘다고 노래를 부르듯, 하나님께서 우리를 보며 그렇게 즐겁게 노래를 부르십니다.

요즘 삶이 고달프고 힘들어서, 하루하루가 쓸모없는 것 같다고 느끼는 사람들이 많은 것 같습니다. 그러나 우리의 하루는 무가치하지 않습니다. 하나님이 우리의 모든 손짓, 발짓을 즐거워하십니다. 이왕이면 우리도 그 하나님을 바라보며, 방긋 웃어드리면 어떨까요? 하나님을 향해 방긋 웃다보면, 우리도 행복해집니다. 또한 분명히 하나님도 기뻐하시리라 믿습니다!

윤아!

새벽 어두운 와중에 밝게 웃는 너의 모습을 카메라로 찍을 수 없어서 아쉬워! 아빠 눈에는 그 미소가 정말 너무 예쁘고, 그 미소 때문에 하루를 버틸 힘을 얻는단다. 윤이는 아빠가 이렇게 윤이를 예뻐한다는 걸 모르겠지?

그런데, 아빠도 마찬가지인 것 같아. 하나님께서 아빠를 정말 사랑해주시는데, 그걸 잘 모른 채로 살아가고 있는 것 같아. 잘 반응해드리지도 못했던 것 같아. 윤이가 아빠를 보며 웃어주듯, 아빠도 하나님께 밝은 미소를 보여드리며 살아야겠다!

사랑해 윤아!

오늘도 많이 웃고, 같이 즐거워하자!

그냥 잘 몰라도 꾸준히 하면 됩니다!

♥♥♥♥♥♥

윤이는 피부 때문에 고생을 하고 있습니다.

지루성 피부염도 있고, 땀띠도 있고, 많이 간지러워하는 편입니다. 그래서 각종 전문가들의 도움을 받아서, 열심히 로션, 크림, 약 등을 구입해서 바르고 또 방 온도도 시원하게 유지하면서 아이를 키우고 있습니다. 아침에 세수한 다음에 전체적으로 한 번 피부관리를 해줍니다. 냉장고에 넣어놨던 수딩 젤을 발라주고, 세럼도 발라주고, 기능성 로션도 발라주고, 크림과 연고를 섞어서 또 발라주고, 심각한 부위에는 스테로이드 연고도 발라줍니다. 그리고 일과 중에는 낮잠 자기 전에 바르고, 그 이외 시간에도 생각날 때마다 야금야금 로션 등을 발라주다가 저녁에 목욕하고 난 후에 또 전체적으로 발라줍니다.

사실 저는 이게 뭔지도 모르면서 바르고 있습니다. 제가 워낙 로션도 안 바르고 평생 살아왔기 때문에, 이것저것 바르는 게 익숙하지가 않습니다. 오늘 아침에도 아내가 출근한 후에, 윤이를 눕혀놓고 혼자 중얼중얼거리면서 로션을 발라줬습니다. "윤아~ 아빠는 이게 뭔지도 모르는데 그냥 바르는 거야~ 엄마가 바르라고 하더라고~"라고 말하면서 발라줬습니다. 그 와중에 갑자기 말씀이 한 구절 떠올랐습니다.

"일곱째 날 새벽에 그들이 일찍이 일어나서 전과 같은 방식으로 그 성을 일곱 번 도니 그 성을 일곱 번 돌기는 그 날뿐이었더라 일곱 번째에 제사장들이 나팔을 불 때에 여호수아가 백성에게 이르되 외치라 여호와께서 너희에게 이 성을 주셨느니라" (여호수아 6장 15-16절)

'여리고'라는 성을 점령해야 하는 상황, 이스라엘의 지도자였던 여호수아는 천사로부터 참 이상한 전략을 전수받습니다. 하루에 한 바퀴씩 성을 돌고, 마지막 일곱째 날에는 일곱 바퀴를 돌고 소리를 지르면 성을 함락시킬 수 있다는 말도 안 되는 전략이었습니다. 저는 이 천사의 전략을 실천하려고 한 여호수아도 대단하지만, 실제로 시키는 대로 빙글빙글 돌았던 병사들도 대단하다는 생각이 들었습니다. 병사들은 이게 무슨 의미인지 전혀 몰랐을 것입니다. 왜 도는지도 모르고, 지금 이 행동이 어떤 결과를 만들어내는지도 잘 모르고, 그냥 시키니까 성실하게 돌았을 뿐입니다. 그것도 하루이틀 돈 것도 아니고, 7일 내내 꾸준히 돌았습니다. 그랬더니 기적이 일어났습니다.

요즘 윤이가 피부가 조금씩 좋아지고 있는 것 같은데, 여호수아의 본문이 확 떠올랐습니다. 저는 제가 바르는 여러 종류의 로션, 크림, 연고들이 각각 어떤 성분이고, 어떤 용도로 쓰이는 것인지 솔직히 잘 모릅니다. 그냥 아내가 시키니까 열심히 발랐을 뿐입니다. 중간에 크림이랑 연고를 섞어서 바르는 게 있는데, 이 크림이 뭔지도 모르고 연고가 무슨 연고인지도 잘 모릅니다. 그냥 섞으라니까 섞었을 뿐이고, 아내가 시범을 보여준 대로 발랐을 뿐입니다.

그래도 아무것도 모르고 했지만, 결과적으로는 매일 반복했던 제 행동이 모이고 모여서, 아이의 피부를 회복시키고 있는 것 같습니다. 우리가 하나님 앞에서도 이러한 태도를 가져야 하지 않을까요? 너무 과도하게 해석하고, 설명하고, 분석하려고 하지 말고 그냥 하나님 말씀을 있는 그대로 받아들이는 경우도 필요하지 않을까요? 그저 단순하게, 예수님께서 시키신 대로 서로 사랑하면 되는 것 아닐까요? 현대를 살아가는 그리스도인들은 너무 생각이 많은 것 같습니다. 그냥 매일 아는 대로 실천하면 됩니다. "서로 사랑하라"라는 예수님의 말씀이 헬라어로 어떤 문법인지 분석하고, 그 의미에 대해서 철학적으로 해설할 필요가 없습니다. 그냥 정확히는 몰라도 가서 실천하면 됩니다.

오늘 하루 동안 아주 작은 것이라도, 하나님이 기뻐하실 만한 일을 실천으로 옮기는 저와 여러분이 되길 소원합니다. 그 작은 행동이 모여서 기적을 만들어낼 것이라 믿습니다.

윤아!

아빠가 맨날 얼굴에도 톡톡톡 뭔가 발라주고, 몸에도 이것저것 덕지덕지 발라주는 거 알지? 사실 아빠는 이게 뭔지도 모르고 그냥 바르고 있어. 잘은 모르는데, 하나는 확실히 알아. 이걸 발라주면, 윤이에게 도움이 된다는 거. 그거 하나만 알고 그냥 바르는 거야. 그러다 보니까 이게 쌓이고 쌓여서 조금씩 윤이 피부도 좋아지고 있는 것 같아.

아빠는 신앙과 관련해서도, 일과 관련해서도 오늘 이 교훈을 꼭 잊지 않을 거야. 너무 생각이 많으면 머리만 아프단다. 그냥 실천하는 것도 좋은 자세야! 이따가 또 몸에 로션이랑 크림이랑 열심히 발라줄게! 빨리 피부도 회복되고, 건강하게 자라나길 기도할게 윤아!

사랑해!

아이의 미소에 집중합시다!

♥♥♥♥♥♥

오늘도 육아 공부를 하다가, 저에게 꼭 필요한 조언을 들었습니다. "수유량, 몸무게, 수면시간이 아니라 아이의 미소에 집중하세요"라는 내용의 강의였습니다. 아이는 그 자체로 하나님의 선물입니다. '그 자체'라는 말은, 아이가 딱히 뭔가를 만들어내거나 해내지 않더라도, 그냥 가만히만 있어도 충분히 소중하다는 의미입니다.

처음 아이가 태어나면, 아이 '그 자체'로 인해서 기뻐합니다. 아이의 미소에 감격하고 즐거워합니다. 그러나 아이를 양육하기 시작하면서, 점차 아이 자체보다는, 아이가 평균 수준에 맞게 성장하는지, 남들 뒤집는 시기에 뒤집는지, 다른 애들 말하는 시기에 말하는지, 등등의 추가적 조건에 집착하게 됩니다.

아이를 사랑해서 그러는 것이라고 말은 하지만, 사실은 아이를 사랑해서가 아니라 부모의 욕심을 충족시키기 위해서 아이의 성장에 집착하곤 합니다. 아이가 더 건강하고 지혜롭게 잘 자라길 바라는 마음은 당연한 것입니다. 그러나 우리는 동시에 스스로에게 반복적으로 말해줘야 합니다. "아이가 더 잘 자라는 것도 중요하지만, 아이의 미소가 더 중요해!"

"주께 피하는 자들을 그 일어나 치는 자들에게서 오른손으로 구원하시는 주여 주의 기이한 사랑을 나타내소서" (시편 17편 7절)

시편기자는 하나님의 사랑이 '기이한 사랑'이라고 고백하고 있습니다. 영어 번역에는 '실패하지 않는 사랑'이라고 기록되어 있습니다. 만약에 하나님께서 우리를 점수로 평가하셔서, 특정 점수를 통과해야만 사랑하신다면, 그 사랑의 기준에 미치지 못하는 실패한 사랑들이 생겨날 것입니다. 그러나 하나님의 사랑은 실패가 없습니다. 왜냐하면 우리의 조건이나 능력이나 성과를 전혀 보지 않으시고, 우리 그 자체, 우리의 미소만 보고 사랑하시기 때문입니다! 우리도 우리의 자녀들을 그 자체로 사랑하길 소원합니다. (자녀뿐만 아니라, 이웃과 교회 공동체 일원들, 친구들, 가족들도 그렇게 사랑하는 것이 최고의 단계라고 생각합니다.)

좀 칭얼거려도, 좀 말 안 들어도, 공부 좀 못해도, 좀 게을러도, 좀 부족해도, 그냥 미소만으로 충분히 아름다운 우리의 자녀입니다. 하나님께서 우리의 허물을 덮으시고, 우리를 그 자체로 사랑해주시는 것처럼, 우리도 그렇게 사랑했으면 좋겠습니다.

윤아!

아빠도 솔직히 가끔은 윤이가 더 잘 먹어주고, 더 잘 자주면, 그러면 더 예쁠 것 같다고 생각하기도 했어. 하지만 오늘 공부하면서, 윤이가 그 어떤 것도 하지 않더라도, 윤이의 미소만으로도 충분히 예쁘다는 걸 다시금 기억하게 되었어!

맨날 하는 말이지만, 그만큼 맨날 이렇게 말해야만 너를 자꾸만 평가하려는 아빠의 잘못된 생각들을 하나님의 생각으로 바꿀 수 있는 것 같아! 이래 놓고 또 이따 밥 조금 먹으면, 밥 좀 더 먹으라고 뭐라고 할 수도 있어. 하지만, 오랫동안 그러진 않을게! 금방 다시 깨닫고서, 윤이의 미소에 집중할게. 오늘도 건강하고 밝게 웃어줘서 너무 고마워!

사랑해!

기분 좋은 피곤함!

♥ ♥ ♥

윤이는 요즘 뒤집기 연습을 열심히 하고 있습니다. 다리를 번쩍 들었다가, 쾅하고 내려찍기도 하고, 또 몸을 좌우로 비틀면서 넘어가는 걸 연습하는 것처럼 보입니다. 뭔가 이미 뒤집을 힘은 충분히 있는데, 요령이 없어서 쿵쿵거리기만 하는 것 같습니다.

어제는 윤이가 하루 종일 뒤집기 연습을 하고, 저녁에 목욕하고 밥 먹을 즈음에는 엄청나게 피곤해 보였습니다. 그러나 피곤할 정도로 열심히 몸을 움직인 덕분인지, 밥도 맛있게 먹고, 또 금방 깊은 잠에 들었습니다. 피곤한 게 무조건 안 좋은 게 아닙니다. 오히려 하루 종일 무기력하게 시간을 낭비하고서, 체력은 넘치는데 정신적으로는 무료한 상태, 그런 상태가 더 위험합니다. 최선을 다해서 하루를 살아낸 후에 오는 '기분 좋은 피곤함'은 하나님이 주신 선물입니다.

"네 손이 일을 얻는 대로 힘을 다하여 할지어다 네가 장차 들어갈 스올에는 일도 없고 계획도 없고 지식도 없고 지혜도 없음이니라" (전도서 9장 10절)

전도서의 저자는 일도 없고, 계획도 없고, 지식도 없고, 지혜도 없을 사망의 날이 오기 전에, 힘을 다하라고 조언하고 있습니다. 힘을 다할 일, 피곤할 만큼 열심히 노력할 일을 찾는 것이 너무나 어려운 세상입니다. 헌신할 가치를 발견했다면, 그것 자체가 하나님의 은혜입니다. 바라기는 저와 여러분이 열심히 노력할 일을 찾게 되길 소원합니다. 그리고 기분 좋은 피곤함을 느낄 만큼 열정적으로 그 일을 해내길 소원합니다.

그럴 때, 하나님이 주시는 편안함을 느끼게 될 줄로 믿습니다.

윤아!

요즘 아주 뭐 하나에 빠지면, 시간 가는 줄 모르고, 피곤한 줄도 모르고, 열심히 집중하는 게 참 신기해! 치발기에 빠져들었다가, 뒤집기 연습에 빠져들기도 하고, 하루 종일 열심히 꼼지락거리다가 밤에는 쿨쿨 자는 모습이 정말 귀엽단다!

아빠도 윤이의 모습을 보고 배워야겠어! 열심히 공부할 내용들, 방향들을 결정하고 최선을 다하는 아빠가 될게! 아빠도 윤이도 하루 종일 열심히 성장하고, 밤에는 기분 좋은 피곤함을 느끼면서, 푹 잠들었으면 좋겠다! 오늘도 남은 시간 열심히 놀고!

밤에는 푹 자자 윤아! 사랑해!

작은 모빌이 아니라, 거대한 우주　63

빨리 돌아오는 것이 좋습니다!

♥♥♥♥♥♥

오늘은 윤이가 예방접종을 위해 병원에 가는 날이었습니다. 아직 윤이만 데리고 혼자 이동하기는 어려워서 부모님의 도움을 받아서 함께 병원에 다녀왔습니다. 담당 교수님께서 윤이 몸무게가 아주 잘 늘고 있다고, 잘 키워서 왔다고 칭찬도 해주시고, 각종 발달에도 이상이 없음을 확인해주셨습니다. 지루성 피부염도 걱정이 크겠지만, 지속적으로 보습해주면서 상처가 나지 않게 잘 관리해주라는 조언도 해주셨습니다.

이어서 양쪽 허벅지에 주사 두 방을 맞았습니다. 신나게 웃으면서 누워있다가 주사를 맞고 엉엉 우는 모습이 너무 귀여웠습니다. 주사를 맞고, 먹는 약도 먹은 후에 저에게 안겨있는데 몇 분 정도는 뭔가 삐진 것처럼 뾰루퉁한 표정이었습니다. 그러나 방금 전까지 그렇게 서럽게 울던 것을 금방 잊어버리고, 다시 생글생글 웃어줬습니다. 그 모습을 보며 말씀이 한 절 떠올랐습니다.

"너희는 여호와를 만날 만한 때에 찾으라 가까이 계실 때에 그를 부르라 악인은 그의 길을, 불의한 자는 그의 생각을 버리고 여호와께로 돌아오라 그리하면 그가 긍휼히 여기시리라 우리 하나님께로 돌아오라 그가 너그럽게 용서하시리라" (이사야 55장 6-7절)

저는 오늘 윤이가 주사를 맞고 아파서 울고, 잠깐 삐져서 아빠를 째려봤지만, 빨리 잊어버리고 다시 웃어주는 것이 너무 좋았습니다. 하나님께서도 우리가 빨리 돌아오는 것을 기뻐하십니다. 아직 우리의 잘못이 심각해지지 않았을 때, 아직은 하나님과의 거리가 많이 멀지 않을 때, 빨리 돌아와야 합니다. 멀리 갈수록, 더 돌아오기 힘들어집니다. 돌아오기만 하면, 하나님께서는 너그럽게 용서해주실 것입니다.

실수하거나, 잘못했거나, 서운하거나, 화가 났거나, 오해했거나 등등. 그 어떤 감정 속에서도 빨리 하나님께 돌아오는 저와 여러분이 되길 소원합니다.

윤아!

아까 눈에 눈물이 그렁그렁한 상태에서 아빠랑 눈을 안 마주치고 틱틱거리던 게 너무 웃겼어. 아빠를 믿고 누웠는데 갑자기 아프게 해서 삐진 것처럼 보였어. 그래도 윤이가 금방 다시 웃어주니까 그게 너무너무 행복하더라.

윤이는 잘못한 게 하나도 없지만, 아빠를 비롯한 어른들은 하나님께 뭔가 잘못하고 나서 그게 눈치 보이고 죄스러워서 하나님을 멀리할 때가 많단다. 윤이를 보니까, 그럴 때는 빨리 다시 돌아오는 게 최고인 것 같아! 오늘 남은 하루도 아빠랑 같이 즐겁게 보내자! 오래 삐지지 않아 줘서 고마워!

사랑해!

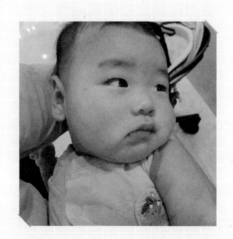

도움을 받으면, 폭넓게 생각할 수 있습니다!

♥♥ ♥ ♥

윤이가 언젠가부터 자기 옷을 잡아당겨서 입으로 빠는 행동을 자주 하고 있습니다. 터미타임도 시켜주고 하다 보면, 윤이 옷이 바닥에 닿을 수밖에 없고, 그러면 옷이 아무래도 더러워지기 마련입니다. 자꾸 더러워진 옷을 입에 넣는 것 같아서, 다른 대체품을 줘봤습니다만, 치발기나 쪽쪽이는 거절하고 가열차게 옷을 빨곤 합니다.

어떻게 대처해야 하는지 육아 교육 사이트에 질문을 했습니다. 대답을 들어보니, 아마도 제가 윤이를 자주 안아주다 보니 제 옷이 입에 닿아서 빠는 경우가 많았고, 그 결과 천 종류를 빠는 것을 좋아하게 된 것 같다고 합니다. 또 실제로 이가 나는 건 6개월 즈음이지만, 이앓이는 지금 시작될 수도 있다고 합니다. 이앓이로 인해서 자꾸만 입이 간지러워서 더 빨게 되고, 또 얼굴을 긁고 비비는 등의 행동도 많아진다는 설명이었습니다. 대답을 듣고, 윤이의 상태와 비교해보면서 어느 정도 이유와 해결책을 알 수 있었습니다.

이 과정을 거치면서, "더 많이 아는 사람의 눈으로 보면, 더 폭넓게 생각할 수 있구나"라는 생각이 들었습니다. 사실 윤이가 옷을 빠는 것과, 제가 자주 안아주는 것이 관련이 있을 거라고는 생각도 못했습니다. 또 아직 윤이가 4개월밖에 안됐으니, 아직 이와 관련한 문제가 있을 거라고 는 생각도 못했습니다.

> "여호수아가 모세의 말대로 행하여 아말렉과 싸우고 모세와 아 론과 훌은 산 꼭대기에 올라가서 모세가 손을 들면 이스라엘이 이기고 손을 내리면 아말렉이 이기더니" (출애굽기 17장 10-11절)

이스라엘이 아말렉과 싸우고 있는데, 산 꼭대기에 모세가 이스라엘 을 위해 기도하고 있습니다. 사람의 눈으로 보면, 잘 싸우는 군대가 이기 는 것이 정상입니다. 산 위에서 기도하는 사람 따위는, 변수가 될 수 없습 니다. 그러나 성경은 하나님의 도우심으로 이스라엘이 승리했음을 기록 하고 있습니다. 육아를 잘 모르는 제가 육아를 보는 관점은, 이스라엘과 아말렉의 전쟁을 군사력으로만 평가하는 것과 같습니다.

우리의 삶도 마찬가지입니다. 성적, 취직, 진로, 인간관계 등 여러 문 제 앞에서 아등바등 노력하지만, 실제로는 문제의 본질에 다가가지 못하 는 경우가 많습니다. 그럴 때, 하나님의 관점을 배우시길 소원합니다. 기 도하는 모세가 승리의 핵심이었던 것처럼, 우리가 전혀 모르던 부분에 진 짜 해결책이 있을지도 모릅니다. 그 해결책을 선하신 하나님께서 우리에 게 알려주시리라 믿습니다.

윤아!

애기를 들어보니까 애기들마다 각자 애착을 갖게 되는 대상이 다르다고 하더라. 어떤 애기는 엄마 머리카락을 꼭 쥐고 잔다고 하고, 또 어떤 애기는 엄마 아빠 배 위에서만 잔다고도 하고. 아빠가 윤이를 매미처럼 달고 다녔더니, 윤이는 아빠 어깨 쪽을 빨다가 헝겊이나 천 종류에 확 꽂힌 것 같아!

당장 해결될 문제는 아닌 것 같으니 아빠가 아빠 옷도 맨날 깨끗하게 유지하고, 윤이 옷도 항상 깨끗하게 해 줄게! 이가 날 무렵이 간질간질하고 불편하기도 할 텐데, 잘 이겨내 보자! 로션도 잘 발라주고, 마사지도 해줄게! 앞으로도 엄마 아빠가 윤이를 잘 관찰하고, 더 많이 배우고 공부해서 윤이가 더 건강하게 잘 자라날 수 있도록 최선을 다할게!

사랑해 윤아!

순서가 중요합니다!

♥♥♥♥♥♥

아기의 피부에 바르는 연고 중에서, '스테로이드'가 첨가된 것은 상당히 강한 연고입니다. 윤이가 피부가 상당히 안 좋았기 때문에, 저희도 스테로이드 연고를 구비해놓고, 피부가 너무 심하다고 생각할 때만 조금씩 발라줬었습니다. 그런데도 크게 좋아지지 않는 바람에 금요일에 병원에 다녀왔습니다.

설명을 듣던 와중에, 정말 단순하면서도 중요한 사실을 알게 되었습니다. 저는 스테로이드 연고가 강하다고 하길래, 항상 윤이에게 각종 보습 로션들을 잔뜩 발라준 후에 스테로이드 연고를 발라줬습니다. 그렇게 해야 안전할 거라고 생각했습니다. 그런데 그렇게 하면 약이 흡수가 안 된다는 설명을 들었습니다. 보습하기 전에 바르거나, 아니면 보습 후 1시간 지나서 발라줘야 효과가 있다고 합니다. 제가 하던대로 보습 직후에 바르면, 로션 크림 등에 막혀서 연고가 제대로 역할을 못한다는 것입니다. 실제로 금요일, 토요일 스테로이드를 제대로 발라줬더니 피부가 확 좋아진 것 같습니다. 이미 쓰던 약인데도, 순서 하나 바꿔줬더니 엄청난 변화가 일어났습니다. 반대로 말하자면, 순서를 제대로 맞추지 못하면, 여러 노력들도 무의미해지는 것 같습니다.

"그런즉 너희는 먼저 그의 나라와 그의 의를 구하라 그리하면 이 모든 것을 너희에게 더하시리라" (마태복음 6장 33절)

예수께서는 우리에게 "먼저 그의 나라와 그의 의를 구하라"라고 말씀하십니다. 많은 사람들은 "무엇을 먹을까, 무엇을 입을까"를 먼저 고민합니다.(31절) 그것이 충족되고 나면, 그다음에 하나님을 섬기겠다고 말합니다. 하지만 성경은 분명히 말합니다. 인간에게 무엇이 필요한지 하나님께서 이미 다 아시니, "먼저 그의 나라와 그의 의를 구하라"라고 선포합니다. 순서가 중요합니다. 먹고 마시고 입는 것이 아무 의미가 없다고 하는 것이 아닙니다. 순서를 바꾸라는 것입니다. 너무 바쁘고 분주해서, 신앙생활에 시간을 쓸 수 없다고 생각하는 사람들도 있습니다. 그러나 반대로 순서를 바꿔야 합니다. 바쁠수록 더욱 중요한 것을 먼저 해야 합니다. 분주할수록 하나님의 뜻을 구하며 올바른 방향을 잡아야 합니다. 그렇지 않으면, 순서가 잘못되면 열심히 하는데도 아무런 결과를 만들어내지 못할 수도 있습니다.

예수님의 말씀을 기억하며, "먼저" 하나님의 뜻을 구하는 저와 여러분이 되길 소원합니다.

윤아!

윤이 피부를 더 보호해주려는 좋은 마음에서 열심히 '발라줬던 건데, 순서가 잘못됐었나 봐! 병원에서 "우리 애는 스테로이드를 발라도 피부가 계속 안 좋네요"라고 했는데, 그게 아니었어! 아빠가 잘못 바르던 거였어. 앞으로는 올바른 순서대로 잘 발라줄게!

연고뿐만 아니라, 신앙에도 순서가 중요한 것 같아. 아빠가 모범을 보이면서, 항상 먼저 하나님의 뜻을 구하는 삶을 산다면, 나중에 윤이도 보고 배울 수 있겠지? 오늘도 행복하게 하루를 보내자 윤아!

사랑해!

Chapter 3.

성장하려면, 따라하면 됩니다.

2022년 8월 31일
D+143, 4개월 21일

성장하려면, 따라하면 됩니다!

♥♥♥♥♥♥

윤이는 제가 입으로 내는 소리들을 좋아합니다. 똑딱거리는 소리, 휘파람 소리, 하이톤의 목소리 등을 재밌어합니다. 그중에서도 요즘은 '부르르르~' 하고 입술을 떨어서 내는 소리를 재밌어합니다. 또한 이 시기에 아이도 입술 근육이 발달하다 보니, 가끔은 제가 부르르르 하면, 윤이도 따라 하곤 합니다. 오늘은 유독 잘 따라 해서 영상도 찍어봤습니다. 제가 먼저 부르르 소리를 내면, 약간 눈치 보다가 대충 따라 하는 것처럼 보입니다. 그 모습이 너무 예쁘고 귀엽습니다. 계속 저를 따라 하는 윤이를 보다가, 우리의 신앙적 성장을 위해서도 다른 게 아니라 예수님을 따라 해야 한다는 생각이 들었습니다.

> "이를 위하여 너희가 부르심을 받았으니 그리스도도 너희를 위하여 고난을 받으사 너희에게 본을 끼쳐 그 자취를 따라오게 하려 하셨느니라" (베드로전서 2장 21절)

기독교인으로 산다는 것은, 그리스도를 본으로 삼아서, 그 길을 열심히 따라가는 것입니다. 예수께서 우리를 위해 고난을 받으시며, 우리가 걸어야 할 길을 다 닦아 놓으셨습니다. 그러니 우리가 해야 할 일은, 그 준비해놓으신 길, 먼저 걸으신 길을 열심히 따라가는 것뿐입니다. 예수님은

"이웃을 사랑하라"는 길을 알려주셨는데, 우리는 알려주신대로 그대로 따라 할 생각은 안 하고, 자꾸만 "누가 우리의 이웃입니까?" 이런 질문만 던지고 있는 경우가 많습니다. 너무 생각이 많습니다. 생각한다는 핑계로, 사실은 제자의 길을 걷지 않으려고 회피하는 경우도 많습니다.

바라기는 오늘 하루 동안에, 이것저것 계산하지 말고, 아주 작은 것이라도 성경에서 배운 그대로 따라 하는 저와 여러분이 되길 소원합니다.

윤아!

오늘 아빠는 윤이가 계속 아빠를 따라서 부르르르 소리 내는 게 너무 웃기고 재미있어서 유독 시간이 빠르게 가는 것 같아! 윤이가 아빠를 따라 하는 걸 보면, 한편으로는 재밌고 뿌듯하지만, 다른 한 편으로는 좀 조심스러워지기도 해. 아빠의 모든 행동이 다 윤이에게 따라 할 거리가 될 테니까!

앞으로 아빠도 열심히 예수님을 따라서 살아가면, 그런 아빠를 보면서 윤이도 같은 길을 따라오겠지? 지금은 일단 건강하게 발달하고 성장하자! 남은 하루도 아빠랑 재밌게 놀자구!

사랑해!

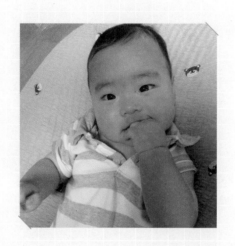

모든 것이 은혜라고 고백하는 사람!

♥♥♥♥♥

오늘 드디어 윤이가 기다리고 기다리던 뒤집기에 성공했습니다. 이 타이밍에 뒤집을 거라고는 생각도 못했기에 핸드폰으로 촬영하지는 못했지만, 다행히 홈 CCTV 카메라가 첫 뒤집기 장면을 녹화해줬습니다. 한 번 뒤집고 나니까, 자신감이 생긴 것인지 오늘은 눕혀놓으면 바로 뒤집어 버리곤 합니다. 게다가 저 첫 뒤집기를 성공하고서, 30분도 안돼서 바로 되집기까지 성공했습니다.

제가 썼던 글들을 쭉 살펴보면, 윤이가 뒤집을 시기가 지났는데도 뒤집지 않아서 어떤 감정들을 느꼈는지 잘 기록해놨습니다. 처음에는 '욕심'이 있었습니다. 내 아들이 빨리 발달과정을 밟아나가길 기대했었습니다. 시간이 좀 흐르니 '걱정'이 찾아왔었습니다. 뭔가 조금 느리다는 생각에 불안한 마음도 있었습니다. 그 과정을 거치면서, "그리 아니하실지라도"의 믿음을 가지고 감사하는 법을 배웠습니다. 이젠 더 이상 언제 뒤집는지, 아이가 발달이 빠른지 느린지는 중요하지 않다는 기도가 나오게 되었습니다. 중요한 것은 하나님께서 선물로 주신 하루하루를 윤이와 함께 행복하게 보내는 것, 윤이를 하나님의 뜻을 아는 아이로 천천히 양육하는 것이라는 사실을 배웠습니다. 그렇게 감사의 마음을 품고, 결단하는 용기를 갖고 나니까, 하나님께서 오히려 그 모든 근심의 원인을 제거해주셨습니다.

"여호와께서 기드온에게 이르시되 너를 따르는 백성이 너무 많은즉 내가 그들의 손에 미디안 사람을 넘겨 주지 아니하리니 이는 이스라엘이 나를 거슬러 스스로 자랑하기를 내 손이 나를 구원하였다 할까 함이니라" (사사기 7장 2절)

기드온이라는 이스라엘의 지도자는 미디안과의 전쟁을 앞두고 있었습니다. 그는 3만 2천 명의 군사를 모았고, 군사력을 통해서 넉넉히 승리할 수 있으리라 생각했습니다. 그런 기드온에게 하나님께서 오늘 본문의 말씀을 선포하신 것입니다. "나를 거슬러 스스로 자랑하기를 내 손이 나를 구원하였다 할까 함이니라." 3만 2천 명으로 전쟁을 시작하면, 분명히 이길 것입니다. 그러나 이기고 난 후, 하나님이 도우셨다고 생각하지 않을 것입니다. 하나님께 감사드리지 않을 것입니다. 결국 하나님께서는 여러 과정을 거쳐서 3만 2천 명 중에 딱 300명만 남기십니다. 그 유명한 '기드온의 300 용사'들이 미디안을 공격해서 대승을 거두게 됩니다. 만약에 윤이가 빠른 시기에 뒤집었다면, 저는 하나님께 감사하지 않았을 것 같습니다. 원래 뒤집는 시기에 그냥 알아서 잘 뒤집었다고 생각하고 넘어갔을 것 같습니다. 오히려 포기하고, 내려놓는 과정을 거친 덕분에 저는 확실히 고백할 수 있습니다. 하나님께 감사를 드릴 수 있게 되었습니다.

저와 여러분의 삶 속에서도, 자칫 잘못하면, 그냥 내 힘으로 이루었다고 착각할 수도 있는 일들이 있을 것입니다. 매일 하나님 앞에 기도하며, 감사함으로 삶을 돌아보면서, 모든 것이 하나님의 은혜라고 고백할 수 있는 저와 여러분이 되길 소원합니다.

윤아!

인생 첫 뒤집기에 성공한 걸 정말 축하해! 심지어는 오늘 하루 만에 뒤집기도 하고, 반대로 되집기까지 성공해버려서 아빠는 너무너무 행복하단다. 이래저래 걱정도 좀 됐었지만, 그래도 윤이가 언제 뒤집나 지켜보고 생각하는 그 과정 속에서 아빠는 믿음에 대해서 더더 배웠다고나 할까?

감사하는 마음을 갖게 되고, 기다리는 마음도 갖게 된 것 같아. 이제 다음 발달 단계를 기다리는 과정에서는 더 걱정하기보다는, 더 행복한 마음으로 지켜볼 수 있을 것 같아. 오늘은 열심히 뒹굴뒹굴 돌면서, 재밌게 지내보자!

사랑해!

오늘 할 일은 오늘 다 해야 합니다!

♥♥♥♥♥♥♥

오늘 육아와 관련한 Q&A 영상을 보는데, 저도 너무 궁금하고, 또 공감되는 질문이 있었습니다. "밤에 자꾸 뒤집기를 하느라, 아이가 잠을 안자서 너무 힘들어요. 어떻게 해야 할까요?"라는 질문이었습니다. 윤이도 최근에 밤에 뒤집기를 하고서, 다시 뒤집어 달라고 울 때가 있었습니다. 새벽에 막 울길래 가보면, 뒤집어서 버둥거리고 있습니다. 다시 원상태로 눕혀주고 나오면, 또 금방 뒤집어서 울기도 합니다. 영상에서 강사분께서는 밤에 뒤집기를 하는 것은 자연스러운 현상이니, 계속 지켜보면서 뒤집을 때마다 다시 눕혀놓을 필요는 없다고 이야기하셨습니다. 다만, 낮에 충분히 많이 뒤집는 연습을 하면, 밤에는 얌전하게 잘 가능성이 높다고 하셨습니다.

저는 영상을 보고 난 후, 오늘은 아주 열정적으로 윤이를 뒤집어주고 있습니다. 지금 윤이는 오른쪽으로만 뒤집을 줄 아는데, 제가 옆에서 왼쪽으로도 뒤집어주고, 또 되집기도 열심히 해주고 있습니다. "오늘 뒤집기 총량을 다 채워줘야겠다!"는 마음으로 윤이를 뒤집어주다가, 아래 말씀이 떠올랐습니다.

"다니엘이 이 조서에 왕의 도장이 찍힌 것을 알고도 자기 집에 돌아가서는 윗방에 올라가 예루살렘으로 향한 창문을 열고 전에 하던 대로 하루 세 번씩 무릎을 꿇고 기도하며 그의 하나님께 감사하였더라" (다니엘 6장 10절)

본문에 나오는 왕의 도장이 찍힌 '조서'는 다니엘을 공격하기 위한 정치적 수단이었습니다. 다니엘을 미워하던 세력들이, "30일 동안 오직 왕에게만 기도해야 하고, 다른 신에게 기도하면 사자굴에 던진다"는 내용의 법을 통과시킨 것입니다. 이는 평소에 매일 하루 세 번씩 무릎을 꿇고 기도하던 다니엘을 저격한 것이었습니다. 그런데 그 조서의 내용을 알면서도, 다니엘은 평소와 동일하게 기도합니다. 다양한 선택지가 있었습니다. 문을 닫고 몰래 기도할 수도 있고, 30일만 기도 안 하고 조서의 기한이 끝난 다음에 기도할 수도 있었습니다.

하지만 다니엘은 평소처럼 행동했습니다. 처음 뜻을 정한 그대로, 꾸준히 해야 할 일을 했습니다. 저와 여러분도 살아가면서 다양한 결심을 하고, 다양한 계획들을 세우게 될 것입니다. 물론 모든 계획을 무조건 지키는 것은 불가능하기도 하고, 무의미하기도 합니다. 하지만, 최소한 하나님 앞에서 세운 계획들만큼은 반드시 계획한 대로 해내는 저와 여러분이 되길 소원합니다. 윤이가 하루 동안 해야 할 뒤집기 총량을 다 채우면 편안한 잠을 잘 수 있는 것처럼, 오늘 해야 할 묵상을 내일로 미루지 않고, 오늘 할 기도를 미루지 않고, 성실하게 하나님 앞에 서야 합니다. 그러면 오늘 주시는 은혜를 가득 누릴 수 있을 것입니다.

윤아!

낮에 윤이가 해야 할 일은, 다른 게 아니라 그냥 피곤할 정도로! 필요한 뒤집기 횟수를 다 채우는 거야. 낮에 아빠랑 재밌게 놀고 열심히 뒤집고 나서, 밤에 기절하듯 푹 자면, 엄마 아빠는 너무 편하고 좋단다.

물론 그러려면 낮에 아빠가, 너를 바운서에 앉혀놓고 다른 일을 한다거나 그런 시간을 최소화하고 100% 너한테 집중을 해야 할 거야. 제일 좋은 그림은, 아빠랑 윤이랑 둘 다 낮에 혹실하게 해야 할 일을 다 하고 밤에는 푹 자는 거겠지? 자꾸 윤이가 새벽에 깨니까 아빠도 피곤해서 낮에 더 집중을 못하는 것 같아. 오늘은 정신 차리고 열심히 힘을 빼보자. 사랑해 윤아!

사랑하는 사람과 즐겁게 살아가는 것이
우리의 몫입니다.

♥♥♥♥♥♥

윤이가 태어난 이후로, 아내와 더 많은 대화를 나누게 되는 것 같습니다. 윤이의 수유량에 대한 이야기, 낮잠과 밤잠에 대한 이야기, 각종 육아용품과 관련한 이야기, 발달과정에 대한 이야기 등의 구체적이고 실천적인 육아 관련 대화가 주를 이루곤 합니다.

그렇지만 항상 육아 이야기만 하는 것은 아닙니다. 윤이를 어떻게 잘 키울 수 있을지 고민하다 보면, 자연스럽게 저와 아내의 삶의 방향에 대해서도 이야기하게 됩니다. 하나님께서 윤이를 사랑하시는 것처럼, 동일하게 저와 아내도 사랑하실 텐데, 그렇다면 저와 아내를 향한 하나님의 계획은 무엇일지 진지하게 질문하고, 그 답을 찾기 위해서 다양한 대화들을 나누고 있습니다.

"네 헛된 평생의 모든 날 곧 하나님이 해 아래에서 네게 주신 모든 헛된 날에 네가 사랑하는 아내와 함께 즐겁게 살지어다 그것이 네가 평생에 해 아래에서 수고하고 얻은 네 몫이니라" (전도서 9장 9절)

우리는 하루하루 어떻게든 성공해보려고, 뭔가 이루어내려고, 목표를 달성하려고, 최선을 다해서 살아가곤 합니다. 열심히 수고하고, 애쓰고, 노력하며 살아갑니다. 하지만 평생을 해 아래에서 수고하고 애써도, 그 모든 나날들이 참 헛된 것처럼 느껴지기도 합니다. 삶이 의미 없는 것처럼 느껴지는 순간들도 종종 있습니다.

허무한 날들이 반복되는 삶, 어디로 가야 할지 모른 채로 방황하며 시간만 흐르는 삶, 그런 삶을 살아가며 고통 속에 신음하는 사람들이 많습니다. 전도서의 저자는 "모든 날이 헛되다"라고 말합니다. 무제한적인 욕망에 비해서, 우리가 얻을 수 있는 물건은 유한하기 때문에 인간은 불행합니다. 영원히 살고 싶은 욕망이 있지만, 결국엔 죽을 수밖에 없는 운명이어서 인간은 불행합니다.

그렇다면 그냥 불행하게 살 수밖에 없는 것일까요? 그것은 아닙니다. 오늘 본문은 우리의 날들이 헛되게 보일지라도, 그 속에서 "네가 사랑하는 아내와 즐겁게 살지어다"라고 교훈하고 있습니다. 인생이 왜 이리 고달픈지, 왜 이렇게 복잡하고 어려운 일들이 많은지, 우리는 다 알 수 없습니다. 그걸 다 알려고 애쓰는 순간, 더 불행해지기 마련입니다. 다만 우리는 그 주어진 삶 속에서, 사랑하는 사람들과 즐겁게 살아가면 됩니다. 하나님께서 기뻐하시는 삶도 그런 것이 아닐까 싶습니다. 저와 여러분 모두, 복잡하고 어려운 세상 속에서 단순한 진리를 기억하며 살았으면 좋겠습니다.

사랑하는 사람과 즐겁게 살아가는 것이 우리의 몫입니다.

윤아!

아빠랑 엄마는 참 고민이 많단다. 어떻게 살아야 잘 사는 것인지, 어떻게 윤이를 키워야 할지, 하여간 이것저것 고민이 참 많단다. 하지만 너무 고민에 매달려서 살지는 않을 거야! 결국엔 하나님께서 원하시는 것 중의 하나는, 엄마랑 아빠랑 윤이랑 행복하고 즐겁게 사는 것일 텐데, 너무 과도하게 고민하다가 하루하루를 불행하게 산다면, 그건 하나님의 뜻이 아닐 거라는 생각이 들어.

아빠는 윤이의 오늘 하루가 즐겁고 행복했으면 좋겠어. 또한 윤이랑 함께하는 엄마랑 아빠의 하루도 즐겁고 행복했으면 좋겠어. 그것 이외의 여러 가지 복잡한 문제들은, 너무 과도하게 고민하지는 않으려고 해! 아빠가 너무 고민이 많으면, 윤이한테 더 집중하지 못할 테니까!

오늘은 참 많은 깨달음을 얻고, 마음이 편안해지는 주일인 것 같아. 오늘 푹 쉬고, 내일부터 다시 아빠랑 한 주를 즐겁게 보내보자.

사랑해 윤아!

성장하려면, 따라하면 됩니다. 85

사랑하면, 자세히 지켜보게 됩니다!

♥♥♥♥♥♥

윤이가 어제부터 확실하게 배밀이를 하기 시작했습니다. 엄청 멀리 가지는 못하지만, 꿈틀거리면서 앞으로 움직이고, 오른쪽 왼쪽으로 번갈아 뒤집다보니 정말 활동반경이 넓어졌습니다. 제가 아주 예전부터, 윤이가 기어 다니기 시작하면 함께 나누려고 준비해놨던 말씀이 있습니다.

"네 하나님 여호와께서 돌보아 주시는 땅이라 연초부터 연말까지 네 하나님 여호와의 눈이 항상 그 위에 있느니라" (신명기 11장 12절)

윤이가 기어다니기 시작하니, 원래는 충분히 넓어 보이던 매트가 좁아 보입니다. 매트 밖에 있는 의자들은 아예 인지조차 못 했었는데, 이제는 윤이가 의자 근처까지 가서 뒤집다가 부딪칠까 봐 더 신경 쓰게 되었습니다. 사랑하는 아이가 자리 잡게 되니, 모든 공간을 더 자세히 지켜보게 됩니다. 더 디테일하게 주시하게 됩니다. 오늘 본문에 나오는 하나님의 마음이 이와 같지 않을까요?

이스라엘 백성들은 기나긴 광야에서의 훈련을 마무리하고, 이제 약속의 땅인 가나안에 들어가기 직전입니다. 그 상황에서, 하나님께서 앞으로 자리잡을 가나안 땅을 돌보아주시고 연초부터 연말까지 항상 눈을 뜨고 지켜보실 것이라고 고백하고 있는 것입니다. 하나님이 이스라엘을 사랑하시기 때문에, 이스라엘 백성들이 안전하게 잘 거주하는지, 그들이 먹을 식량은 잘 자라고 있는지, 그들이 하나님과의 언약을 지키며 거룩하게 잘 살고 있는지를 계속 지켜보시는 것입니다.

사랑하면, 지켜보게 됩니다. 그것도 힐끔 보는 게 아니라, 대충 보는 게 아니라, 자세히 보게 됩니다. 아직은 윤이가 배밀이를 하면서 기어다니는 속도가 좀 느리지만, 지금부터 더 자세히 지켜보고, 더 오래 지켜보는 훈련을 해야겠습니다. 여러분을 향한 하나님의 마음도 이와 같습니다. 여러분이 잘 출근하는지, 오늘 누구를 만나서 무슨 대화를 나누는지, 안전하게 이동하는지, 우울한 일이 있지는 않은지, 자세히 지켜보십니다. 그리고 우리에게 도움이 필요할 때, 그 상황을 미리 아시고 조용히 손을 내미실 것입니다. 그 사실을 신뢰하며 오늘 하루도 행복하게 살아가는 저와 여러분이 되길 소원합니다.

윤아!

건강하게 잘 발달하고 성장해줘서 너무 고마워. 어제 윤이가 막 앞으로 기어가는 걸 처음 보면서, 너무 마음이 찡하더라. "그렇게 버둥거리고, 그렇게 엉덩이를 치켜들면서 연습하더니 드디어 해냈구나!"라는 생각이 들었어. 그러고 나서 정말 매트 한쪽 끝에서 반대쪽 끝까지 금방 뒤집어서 이동하는 널 보며, 진짜 지금보다 더 자세히, 더 오래, 주의 깊게 지켜봐야겠다고 다짐했어.

매트 위의 작은 세상을 벗어나서, 더 넓은 거실 세계에서 아빠랑 안전하고 재밌게 놀아보자! 아빠도 윤이를 지켜보고, 하나님도 엄마 아빠와 윤이를 지켜봐 주시니까, 안전하고 행복하게 살아가자!

사랑해 윤아!

성경대신 젖병을

단단한 음식도 먹어야 합니다!

♥♥·♥·♥

오늘부터 윤이 이유식을 시작했습니다. 아내와 함께 열심히 공부한 대로 미음부터 조금씩 먹여보기로 했습니다. 스케줄을 짜고, 오트밀과 소고기도 사고, 이유식을 준비하면서 계속 "과연 윤이가 잘 먹어줄까?"라는 걱정이 있었습니다. 너무 감사하게도, 준비한 미음을 천천히 잘 먹어줬습니다. 지금까지 173일 동안 모유와 분유 이외에는 먹어본 적이 없던 윤이가 이제 조금씩 단단한 음식들을 먹는 연습을 하는 모습을 보면서, 마음이 너무 뭉클하고 뿌듯했습니다.

> "때가 오래 되었으므로 너희가 마땅히 선생이 되었을 터인데 너희가 다시 하나님의 말씀의 초보에 대하여 누구에게서 가르침을 받아야 할 처지이니 단단한 음식은 못 먹고 젖이나 먹어야 할 자가 되었도다" (히브리서 5장 12절)

히브리서의 저자는 '젖을 먹는 아이'에 머무르면 안 되고, '단단한 음식을 먹는 어른'으로 반드시 성장해야 한다고 말하고 있습니다. 오랜 시간 교회를 다녔는데도, 계속 초보의 단계에 머무는 사람들이 많습니다. 처음에는 보살핌도 받고 배려도 받아야 하지만, 영원히 그래서는 안 됩니다. 점차 성장해야 합니다. 계속 '젖을 먹는 아이'에만 머문다면, 그것은 마치 윤이가 계속 이유식을 먹지 않고 분유만 먹는 것과 마찬가지입니다. 필요한 영양소를 다 얻을 수 없을 것이고, 음식을 씹는 법을 배울 수 없을 것이고, 식탁에 앉아서 함께 식사하는 즐거움을 누릴 수 없을 것입니다. 신앙뿐만 아니라 삶의 여러 영역에 있어서, 우리는 항상 성장하려는 마음가짐을 가져야 합니다. 현상유지만 하려고 하면, 반드시 뒤처지게 됩니다. 한 걸음이라도 앞으로 내딛어야 합니다. 마치 자전거를 타고 오르막길을 오르는 것과 같습니다. 가만히 현상유지만 하려고 페달을 멈추면, 넘어집니다. 페달을 적절하게 돌려줘야 넘어지지 않고 조금이나마 올라갈 수 있습니다.

윤이는 오늘을 기점으로 계속해서 다양한 음식들을 먹어볼 예정입니다. 알레르기가 있는지 확인도 하고, 재밌는 맛과 식감도 느끼면서 천천히 식사의 즐거움을 배울 수 있도록 도와줄 것입니다. 마찬가지로 저와 여러분의 신앙과 삶이 차근차근 성장해나가길 소원합니다! 하나님께서 도우실 것입니다!

윤아!

오늘 엄마 아빠도 둘 다 이유식은 처음이라 정신이 없었어! 의자에도 처음 앉혀보고, 이유식 메이커도 처음 써보고, 숟가락으로 먹이는 거도 처음이고. 그래도 이렇게 새로운 시도들 하면서, 윤이가 점차 성장해가는 걸 눈으로 지켜볼 수 있어서 너무 감사한 마음이야. 입에 미음을 넣어줬을 때, 아빠는 솔직히 윤이가 바로 뱉을 줄 알았어. 근데 의외로 맛이 있었는지, 뱉지 않고 먹는 모습이 너무 귀여웠어!

이제 스케줄에 따라서 다양한 음식들을 시도해볼 텐데, 그 과정이 즐겁고 행복한 여정이 될 수 있도록 엄마 아빠가 계속 노력할게. 엄마 아빠랑 같이 한 식탁에서 맛있는 밥을 먹으며 대화할 수 있도록, 앞으로도 차근차근 성장해가자!

사랑해 윤아!

달라질 기회를 놓치지 맙시다!

♥♥♥♥♥♥

추석 이후 첫 휴일인 오늘, 아내와 함께 집에 이런저런 변화를 줬습니다. 거실에 있던 기저귀 바구니를 치우고, 당근에서 무료 나눔으로 받아온 책장을 세팅했습니다. 장난감들도 옮겨서 새로운 곳에 배치하고, 안 쓰는 물건들은 베란다에 옮겨놨습니다. 부피가 아주 컸던 기저귀 바구니가 사라지니, 윤이가 굴러다닐 수 있는 공간이 더 넓어졌습니다. 새로운 책장에 장난감을 넣어놨더니, 그걸 잡겠다고 몇 바퀴를 뒹굴뒹굴 굴러가면서 놀고 있습니다.

윤이를 키우면서 이처럼 익숙한 환경을 새롭게 바꿔야 할 필요성을 느낄 때가 많습니다. 공간을 더 넓게 사용하고, 필요한 물건들을 잘 수납하기 위해서 가구들을 옮겼고, 통행에 방해가 되는 것들도 위치를 조정해줬습니다. 문제는 이렇게 뭔가를 바꾸고 변화를 주는 것이 참 귀찮은 일이라는 점입니다. 대부분의 사람들이 변화가 필요하다는 것을 알면서도, 익숙한 과거의 습관을 벗어던지지 못합니다. 그냥 하던 대로 사는 것이 가장 편하기 때문입니다. 저도 제 개인적인 삶만 살펴보면, 그냥 하던 대로 사는 경우가 많은 것 같습니다. 그러나 이상하게 윤이와 관련한 일들은 귀찮더라도 과감하게 변화를 시도하게 됩니다. 이것이 사랑하는 마음의 힘이 아닐까 싶습니다.

"너희는 유혹의 욕심을 따라 썩어져 가는 구습을 따르는 옛 사람을 벗어 버리고 오직 너희의 심령이 새롭게 되어 하나님을 따라 의와 진리의 거룩함으로 지으심을 받은 새 사람을 입으라" (에베소서 4장 22-24절)

하나님을 신뢰하며 사는 사람들은, 그 심령이 새로워집니다. 과거에는 '나'만을 위해서 살던 인생에서, '하나님을 따라' 살아가는 새로운 목적과 삶의 의미를 발견하게 됩니다. 그런 사람을 우리는 '새 사람'이라 부릅니다. 저도 제 스스로는 구습을 벗어던지지 못하는 옛사람에 불과합니다. 그러나 하나님께서 보내신 사랑하는 아이 덕분에, 새로운 변화를 추구하게 되었습니다. 마찬가지로 하나님께서는 우리 모두에게 성령을 통해서 우리가 옛사람을 벗어던지고 새 사람을 입을 수 있도록 인도하십니다. 새로운 친구를 만나게 해주시기도 하고, 새로운 일자리에서 새로운 관계를 맺도록 이끄시기도 합니다. 새로운 사람을 통해서 우리가 새롭게 변하도록 인도하시는 것이 하나님의 방식인 것 같습니다. 혹시 여러분들은 바꾸고 싶은 습관이나 행동들이 있지 않으신가요? 하나님께서 만들어주시는 계기를 놓치지 말고, 성령을 따라 새 사람을 입는 저와 여러분이 되길 소원합니다.

윤아!

오늘 아빠는 하나님께서 아빠가 새 사람을 입을 수 있도록, 윤이를 보내셨다는 생각이 들어. 아빠가 여러 가지 습관들을 벗어던지지 못하고 여전히 게으르고 부족한 모습들을 가지고 있는데, 윤이를 보면서 조금씩 새롭게 바꿔나갈 수 있는 힘을 얻게 되는 것 같아. 처음에 엄마가 이것저것 옮기자고 했을 때, 솔직히 좀 귀찮았는데 막상 다 옮기고 나니 훨씬 좋은 것 같아!

윤이 읽어줄 책들도 세팅이 완료됐고, 자리만 차지하던 것들도 싹 사라져서 넓어졌어. 앞으로도 엄마 말을 잘 들어야겠어! 남은 오후도 더 넓어진 거실에서 재밌게 놀자!

사랑해!

2022년 10월 5일
D+178, 5개월 25일

혼자서 키운 게 아닙니다!

♥♥♡♡♡

어느덧 계절의 변화가 느껴지는 시기가 찾아왔습니다.

윤이도 주로 반팔 옷들을 입다가 이제는 긴팔을 입어야 할 것 같아서 어제 아내와 윤이 옷들을 정리했습니다. 오래 입었던 작은 사이즈의 반팔 옷들을 정리해서 집어넣고, 긴팔 옷들과 외출용 옷들을 꺼냈습니다. 하나씩 옷을 살펴보고 바꾸면서, 많은 사람들의 도움과 응원의 손길들을 느낄 수 있었습니다. 군대에서 함께 생활했던 병사가 보내줬던 옷, 어머니를 통해서 천안의 교회에서 집사님 권사님들께서 보내주셨던 옷, 장모님을 통해서 전달받은 옷, 가족과 친척들이 선물로 보내줬던 옷, 저와 제 아내의 친구들이 보내줬던 옷들 등등. 다양한 옷들을 다시 빨래하고 정리하면서, 윤이를 향한 많은 분들의 관심과 사랑이 있었음을 다시금 기억하게 되었습니다. 뿐만 아니라, 기저귀를 사다 줬던 병사들도 생각나고, 각종 육아용품을 보내줬던 친구들, 또 항상 기억해주고 기도해주시던 응원의 손길들도 떠올랐습니다. 저와 아내가 윤이를 직접적으로 키우고 있기는 하지만, 동시에 많은 분들이 사랑으로 함께 키워주신다는 생각이 들었습니다.

"너희도 우리를 위하여 간구함으로 도우라 이는 우리가 많은 사

성장하려면, 따라하면 됩니다. 95

람의 기도로 얻은 은사로 말미암아 많은 사람이 우리를 위하여

감사하게 하려 함이라" (고린도후서 1장 11절)

환난과 핍박을 견뎌내며 복음을 전했던 사도바울은 고린도교회 성도들에게 "기도로 우리를 도와달라"고 말하고 있습니다. 겉으로는 위대한 전도자의 삶을 살았던 바울의 모습만 눈에 보입니다. 그러나 바울은 그 모든 열매들이 자신의 노력의 결과물이라고 생각하지 않았습니다. 바울은 함께 간구하고, 기억하고, 기도하는 모든 사람들을 무시하지 않았습니다. 그들과 함께 동역하고 있다는 사실을 잊지 않았습니다. 저도 윤이를 키우며 "내가 고생해서 아이를 키웠어!"라고만 말하는 교만한 사람으로 살아가지 않을 것입니다.

윤이가 많은 사람들의 기도와 응원과 사랑에 힘입어서 성장하고 있음을 기억하며, 또 무엇보다 하나님께서 항상 보살피며 인도하신다는 사실을 기억하며, 아내와 함께 겸손하게 아이를 키워나가려고 합니다. 저와 여러분의 삶에도 이 교훈을 적용해보면 좋을 것 같습니다. 우리의 삶의 여러 결과물들은 우리가 전적으로 이루어낸 것이 아닙니다. 도움의 손길이 있었고, 우리를 위한 누군가의 뜨거운 기도가 있었습니다. 그 사실을 기억하며 더욱 겸손하게 서로 도움을 주고받으며, 사랑과 관심을 나눠주며 살아가는 저와 여러분이 되길 소원합니다.

윤아!

어제 엄마랑 같이 옷들을 정리하면서, 윤이가 정말 많은 사랑을 받고 있다는 생각이 들었어. 당장 눈으로 보기에는 엄마 아빠가 윤이를 키우고 있는 것처럼 보이겠지만, 사실은 정말 많은 사람들의 기도와 사랑이 윤이를 키우고 있는 거란다! 아빠도 사실 뭔가 해내고 나면, "내가 해냈다!"라고 자랑하는 걸 좋아하며 살아왔던 것 같아. 사실은 그 모든 과정 중에 수많은 도움을 받았을 텐데도 말이야.

아빠는 윤이가 앞으로 커가면서, 받은 사랑이 많다는 것을 기억하는 아이로 성장했으면 좋겠어. 혼자서 성과를 독식하는 사람이 아니라, 함께 고생한 사람들과 나누는 사람이 되었으면 좋겠어. 윤이를 키우면서 아빠부터 그렇게 더 넓은 시야를 가질 수 있도록 훈련하고 연습할게! 오늘도 감사한 마음으로 재밌게 지내보자.

사랑해!

온 세상에 사랑이 가득합니다!

♥♥♥♥♥

블로그에 글을 올리면 각 글마다 자동으로 주소가 설정됩니다. 앞부분 주소는 똑같고 뒤에 숫자가 하나씩 늘어나는 방식인데, 그 숫자를 보면 지금 쓰고 있는 글이 몇 번째 글인지를 알 수 있습니다. 숫자를 보니, 오늘이 100번째 글입니다. 전역하고 전업 육아를 시작하면서부터 하루도 빠지지 않고 매일 글을 썼습니다. 웹툰 작가들 혹은 수필이나 에세이 작가들이 항상 소재를 모으기 위해서 노력하는 것처럼, 윤이를 키우면서 항상 어떤 모습을 글로 남길 수 있을지 생각했습니다. 덕분에 윤이를 더 자세히 바라볼 수 있었습니다. 사소한 행동들에도 의미를 부여해서, 기억에 남는 사건으로 만들어낼 수 있었습니다. 또한 글을 쓰면서, 하나님의 말씀이 정말 온 천지에 가득하다는 사실을 발견했습니다.

> "아이 사무엘이 엘리 앞에서 여호와를 섬길 때에는 여호와의 말씀이 희귀하여 이상이 흔히 보이지 않았더라" (사무엘상 3장 1절)

이스라엘이 하나님을 바르게 섬기지 않았던 시기에, 하나님의 말씀이 '희귀'했다고 기록되어 있습니다. 실제로 하나님께서 말씀하지 않으시고, 일하지 않으셨던 것이 아닙니다. 하나님의 뜻을 발견할 줄 아는 '눈'

이 없었던 것입니다. 윤이를 키우면서, 또 매일 말씀 구절을 찾고 묵상하고 정리하면서, 온갖 곳에 하나님의 말씀이 가득하다는 사실을 발견했습니다. 100일 동안 윤이와 관련해서 "무슨 내용으로 글을 쓰지?"라고 고민한 날은 엄청나게 많았습니다. 그러나 "어떤 말씀을 인용하지?"라는 고민은 딱히 해본 적이 없습니다. 자연스럽게 떠오르거나, 간단하게 검색만 해도 눈에 확 보이거나, 평소에 묵상하던 묵상집에서 필요한 말씀을 찾아냈습니다.

지나간 세월들이 참 아쉽고 한탄스럽습니다. 기독교인으로 살았던 긴 시간들, 또 목사 안수를 받은 후의 세월들, 그 모든 하루하루마다 하나님께서 저에게 해주고 싶으셨던 말씀이 엄청나게 많았을 텐데, 저는 교만하고 이기적인 마음으로 그 음성들을 듣지 못한 채로 살아왔던 것 같습니다. 윤이를 키우면서, 글을 쓰면서, 정말 사소한 일상 속에서도, 집 안에서도, 집 밖에서도, 물건 속에도, 행동 속에도, 온갖 곳에 하나님 말씀이 가득함을 느끼고 있습니다.

"웃시야 왕이 죽던 해에 내가 본즉 주께서 높이 들린 보좌에 앉으셨는데 그의 옷자락은 성전에 가득하였고" (이사야 6장 1절)

이사야 선지자는 원래도 성전에 자주 들어갔던 사람입니다. 그러나 '웃시야 왕'이라는 자신이 의지할 수 있는 눈에 보이는 왕이 있을 때는, 그 성전에 하나님이 계시다는 사실을 경험하질 못했습니다. 그러나 웃시야 왕이 죽고 난 후, 그는 하나님의 옷자락이 성전에 가득함을 보고 하나님 앞에 재헌신하게 됩니다. 윤이를 키우면서 일상 속에서 다양하게 말씀하시는 하나님을 새롭게 경험하고 있습니다. 육아를 통해서 부모의 마음을 배우고, 하나님의 마음도 배우고, 더러운 구습을 깨트리고 올바른 목사로 바로 서고자 합니다.

바라기는 저와 여러분 모두가 삶 속에서 고요하게 들려주시는 하나님의 음성을 듣게 되길 소원합니다. 지난 100일 동안 글을 읽어주시고, 윤이를 위해 기도해주셔서 감사합니다. 앞으로도 함께 믿음 안에서 성장해나가길 소원합니다.

윤아!

아빠는 나중에 윤이가 글을 읽을 수 있게 되었을 때, 나중에 어른이 되어서 글의 의미를 깨달을 수 있게 되었을 때, 이 글들이 윤이에게 증거가 되었으면 좋겠어. 아빠가 윤이를 정말 많이 사랑한다는 증거, 엄마랑 아빠가 윤이를 보살피며 많은 행복을 느꼈다는 증거, 그리고 하나님께서 윤이를 사랑하신다는 증거가 되었으면 좋겠어.

글을 쓰면서, 윤이를 더 많이 사랑하게 된 것 같아. 만약에 글을 쓰지 않았다면, 윤이를 지금처럼 자세하게 지켜보지 않았을 수도 있을 것 같아. 또, 지금보다 훨씬 말씀도 안 읽고 게으른 목사로 살았을 것 같아. 아빠가 매일 하나님을 통해서 배우며 성장하고 있는 것처럼, 윤이도 매일 몸이 자라듯 마음과 정신과 신앙도 쑥쑥 자라났으면 좋겠다!

앞으로도 아빠가 전업 육아를 끝내고 밖에 일하러 나가는 그 순간까지 계속 글을 쓸 테니까, 그때까지 함께 행복한 추억들을 쌓아나가자!

사랑해 윤아!

2022년 10월 8일
D+181, 5개월 28일

삶으로 보여줘야 합니다!.

♥♥♥♥♥♥

주중에 육아 관련 Q&A 강의를 수강했습니다. 아이를 키우면서 생긴 궁금한 내용들을 미리 보내 놓으면, 줌을 통해서 하나하나 답변해주시는 그런 강의입니다. 제가 했던 질문뿐만 아니라 다른 분들의 질문과 강사분의 답변을 통해서도 많이 배울 수 있어서 좋습니다. 이번에 제가 했던 질문 중의 하나는 윤이의 양치 관련한 내용이었습니다. 이제 곧 이가 날 것 같은데, 치아 관리는 어떻게 하는 게 좋은지를 질문했습니다. 강사분께서는 일단 당장은 이유식 먹은 후, 잠들기 전에 물을 조금 먹여주는 정도면 충분하고, 장기적으로는 부모가 밥을 먹은 후에, 양치하는 모습을 자주 보여줘야 한다고 하셨습니다. 양치하는 모습, 양치가 끝난 후에 "우와 시원하다!"라고 말해주면서 양치가 즐겁고 재미있는 일이라는 느낌을 전달해주는 것이 좋다고 합니다. 윤이 치아 관리를 위해서는, 부모가 먼저 모범을 보일 필요가 있다는 것입니다. 그 내용을 들으면서, 아래의 말씀이 떠올랐습니다.

"누구에게서든지 음식을 값없이 먹지 않고 오직 수고하고 애써 주야로 일함은 너희 아무에게도 폐를 끼치지 아니하려 함이니 우리에게 권리가 없는 것이 아니요 오직 스스로 너희에게 본을 보여 우리를 본받게 하려 함이니라" (데살로니가후서 3장 8-9절)

사도바울은 전도여행을 다니면서도 끊임없이 일했습니다. 복음을 전하는 귀한 일을 감당했기 때문에, 바울의 의식주를 챙겨주려는 선한 마음을 가진 성도들도 많이 있었을 것입니다. 그러나 바울은 다른 신자들에게 짐이 되지 않으려고 음식도 값없이 먹지 않았고, 꾸준히 밤낮으로 일을 했습니다. 바울이 그렇게 행동했던 이유는, 데살로니가교회 성도들도 자신을 닮길 원했기 때문입니다. 솔선수범하는 모습, 땀 흘려 일하는 성실한 모습, 그리스도의 복음을 위해 고난도 자처하는 태도 등 바울은 그런 자세를 가르쳐주고 싶었던 겁니다.

누군가에게 무언가를 가르쳐주기 위한 최고의 방법이 바로 "본을 보이는 것"입니다. 농구를 배운다고 생각해보면, 어떻게 슛을 쏘는지를 이론적으로 잘 설명해준다고 해서 바로 따라 할 수 있는 게 아닙니다. 강사분의 설명도 중요하지만, 설명 후에 꼭 시범을 보여주시곤 합니다. 이론이 실천으로 연결될 수 있도록, 본을 보여주는 것입니다. 저는 윤이가 앞으로 음식을 먹은 후에는 양치를 잘 해내면서 치아를 깨끗하게 유지했으면 합니다. 그렇다면 제가 어떻게 해야 할까요? 본을 보여야 합니다. 눈앞에서 보여주고, 또 양치의 중요성과 효과를 보여줘야 합니다. 저와 여러분의 신앙도 마찬가지입니다. 우리는 누군가가 신앙적 모범을 보여줬기 때문에, 그분의 도움으로 그리스도교 신앙을 갖게 되었습니다. 그렇다면 이제는 우리도 누군가에게 모범이 되어주어야 하지 않을까요? 신앙을 가지라고 말만 하는 것이 아니라, 신앙인의 삶이 얼마나 풍성하고 행복한지를 눈으로 보여줘야 하지 않을까요?

누군가에게 본을 보이는 저와 여러분이 되길 소원합니다.

윤아!

아직은 잇몸밖에 없어서 양치를 할 필요는 없지만, 조기교육으로 아빠가 양치하는 모습을 자주 보여줄게! 양치가 아프고 힘든 일이 아니라, 시원하고 개운한 일이라는 걸 보여줄게. 양치뿐만이 아니라, 아마도 윤이는 인생의 대부분의 것들을 엄마 아빠를 보면서 배우게 될 거야.

참 무서운 말인 것 같아. 엄마 아빠가 어떻게 사느냐에 따라서 윤이도 비슷하게 보고 배울 거라는 의미니까. 아빠가 맨날 짜증내고 불평하며 산다면, 윤이는 그 보이는 모습을 배울 수밖에 없겠지. 반대로 아빠가 항상 감사하며, 긍정적으로 세상을 보고 하나님과 동행하는 훈련을 한다면, 윤이도 그 모습을 보고 배우겠지?

무거운 책임감을 잊지 않고,

아빠도 행복하고 즐겁게 모범을 보여줄게.

사랑해 윤아!

더 많은 시간을 함께해야 합니다!

♥ ♥ ♥

아이가 점점 성장하면서, 소근육과 대근육을 비롯한 각종 육체적 발달, 그리고 정서적이고 심리적인 발달에 도움이 되는 놀이를 찾아보게 됩니다. 그 와중에 여러 회사에서 발달을 위한 다양한 교구들을 판매하는 것을 봤습니다. 너무나 비싼 놀이교구 가격들을 보면서, 다시 한번 저와 아내가 생각하는 육아 원칙을 점검해봤습니다.

육아와 관련해서 "아이를 바르게 키우고 싶다면, 아이에게 돈은 절반으로 쓰고, 아이와 함께하는 시간은 두 배로 늘려라"라는 내용의 교훈을 배웠던 기억이 납니다. 비싼 교구와 장난감을 사주는 것보다, 작은 천 하나를 가지고라도 아이와 오래 놀아주고 더 많이 안아주는 것이 아이에게 좋을 것이라 생각합니다.

> "네가 이 세대에서 부한 자들을 명하여 마음을 높이지 말고 정함이 없는 재물에 소망을 두지 말고 오직 우리에게 모든 것을 후히 주사 누리게 하시는 하나님께 두며" (디모데전서 6장 17절)

디모데전서는 부자들을 향해서 "재물에 소망을 두지 말라"라고 가르칩니다. 재물을 쌓고, 재물에 소망을 두다보면 점점 교만해집니다. 내가 가진 재물로 모든 문제를 해결할 수 있을 것이라는 오만함에 빠지게 됩니다. 아이를 키우는 과정에서도 너무 많은 물질은 부모를 착각하게 만듭니다. "이렇게 비싼 걸 사주는 나는 좋은 부모야"라고 착각하게 되면, 진짜 중요한 것을 놓치게 됩니다. 육아에 있어서도, 다른 여러 삶의 영역에 있어서 우리는 마음의 교만함을 꺾고, 재물을 의지하지 말고, 오직 후히 주사 누리게 하시는 하나님을 의지해야 합니다. 비싼 장난감이 아이를 성장시키는 것이 아닙니다. 아이를 키우시는 분도 하나님이십니다. 비싼 교육 프로그램이나 학위증이 우리를 성공의 길로 이끄는 것이 아닙니다. 하나님의 인도하심이 필요합니다.

진짜 중요한 것이 무엇인지 항상 분별하는 저와 여러분이 되길 소원합니다.

윤아!

이것저것 윤이를 위해서 더 구매하고 싶은 욕심이 생길 때도 있지만, 정말 중요한 건 그런 게 아닌 것 같아! 사실 윤이는 손수건 하나만 던져줘도 그걸로 까꿍놀이도 하고, 손가락으로 잡는 연습도 하고, 입으로 물면서 놀기도 하고, 정말 재밌게 잘 노는 것 같아.

그렇다고 뭐 아무것도 안 사주겠다는건 아니고, 진짜 중요한 게 무엇인지 항상 잊지 않을게! 장난감이나 교구를 새로 구하더라도, 그걸 가지고 윤이랑 어떤 재밌는 경험을 할 수 있을지 고민해보고 충분히 시간을 들여서 놀아줄게! 장난감의 양을 늘리기보다는, 윤이랑 같이 노는 추억들을 늘려나갈게.

오늘도 강아지랑 같이 산책도 하면서 즐겁게 웃는 윤이 모습이 너무 귀여워! 남은 오후 시간도 재밌게 지내보자! 사랑해!

Chapter 4.

지금의 기쁨에 집중합시다.

지금의 기쁨에 집중합시다.

♥♥♥♥♥♥

육아를 하다 보면, 아이의 컨디션이나 기분에 따라서 양육자의 상태도 크게 달라집니다. 오늘 오전에는 윤이가 너무 재밌게 잘 놀아줘서 기분이 좋았습니다. 안아서 데리고 다니면, 인형 뽑기 집게처럼 다 손으로 잡으려고 버둥버둥거리는 모습이 너무 귀여웠습니다. 그런데 오전에는 계속 재밌게 놀다가, 이상하게 점심 낮잠 시간에 짧게 자고 일어나더니 하염없이 울었습니다.

눕혀도 울고, 안아줘도 울고, 뭘 해도 우니까 저도 너무 힘들었습니다. 결국에는 낮잠을 포기하고 계속 놀아주다 보니, 어느덧 시간이 흐르고 윤이 기분도 좀 풀린 것 같습니다. 기분이 좋아진 윤이는, 오전에 하던 인형 뽑기 놀이를 열심히 하고 있습니다. 저는 조금 전까지는 애도 울고, 애가 우니까 개도 짖고 그래서 아주 마음이 힘들었지만, 다시 재밌게 노는 윤이의 모습에 마음이 많이 풀렸습니다.

"주의 백성의 죄악을 사하시고 그들의 모든 죄를 덮으셨나이다"(셀라) (시편 85편 2절)

갑자기 하나님의 용서가 이런 것이 아닐까 하는 생각이 들었습니다.

윤이가 말 잘 듣고 예쁘게 놀 때, 저는 말 안 듣던 모습을 잊어버리려고 애씁니다. 한창 즐겁게 놀고 있는 아이에게 "너 아까 왜 이렇게 말 안 들었어!"라고 혼내봤자, 저만 힘들어질 뿐이기 때문입니다. 지나간 것은 잊어버리고, 그냥 지금 잘 노는 윤이를 보면서 그 즐거움에 마음껏 참여하는 것이 더 좋습니다. 과거의 고통을 계속 곱씹는 것보다, 지금의 기쁨에 집중하는 것이 좋습니다. 인간의 용서는 한 번에 이루어지지 않고, 계속 응어리진 것이 남아있는 경우가 많은 것 같습니다. 용서했지만, 여전히 서운하고 속상한 마음이 우리를 괴롭히고, 계속해서 새로운 상처를 만들어내기도 합니다. 하지만 하나님의 용서는 뒤끝이 없습니다. 죄를 용서하시고, 죄악을 덮으신 하나님은 그 죄악을 다시 들춰내지 않으십니다. 저와 여러분은 용서받은 자답게 살고 있는지 돌아보길 소원합니다. 하나님의 깨끗한 용서를 무시하고, 계속 "난 쓰레기야"라고 자책하며 살지는 않는지 점검해봐야 합니다.

또 우리도 누군가를 그렇게 하나님의 마음으로 용서하며 살았으면 좋겠습니다. 그러면 우리의 마음도 더 평안해질 것입니다.

윤아!

윤이가 아빠를 아주 힘들게 할 때도 분명히 있기는 있어. 아까는 정말, 윤이가 방이 떠나가라 울고 옆에서 개도 짖고 진짜 속이 터질 것 같았지만! 하지만 그걸 계속 기억하지는 않을게. 활짝 웃으며 놀고 있는 윤이에게, 예전에 왜 그랬냐고 뭐라고 하지는 않을 거야.

하나님의 완전한 용서를 받은 엄마 아빠가, 윤이도 항상 너그럽고 넓은 마음으로 이해해줄게! 언제 울었냐는 듯이 신나게 놀고 있는 윤이를 보면서, 자연스럽게 윤이가 아빠를 힘들게 했던 기억이 사라지는 것 같아. 좀 울어도 괜찮으니, 금방 돌아오면 그걸로 충분하단다.

남은 오후도 같이 잘 버텨보자!

사랑해!

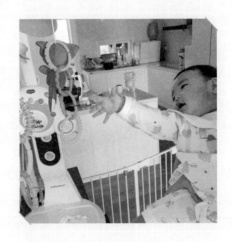

함께 동역하는 즐거움!

♥ ♥ ♥ ♥

    어제 저녁에 윤이를 재우고서, 저와 아내는 이유식과 간식을 만들었습니다. 단호박을 전자레인지에 10분 돌려서 촉촉하게 만들고 갈라서 껍질과 씨를 제거했습니다. 저녁에 함께 마트에 가서 사 왔던 소고기도 준비했습니다. '베이비무브'라는 이유식 만드는 기계를 이용해서 30분 동안 쪄주면, 딱 윤이가 먹을 수 있게 조리가 됩니다.

    단호박과 소고기가 조리되는 동안에 아내와 저녁식사를 했습니다. 식사를 마치고, 조리가 완료된 단호박과 소고기를 각각 믹서기에 갈아서 윤이가 따로따로 먹을 수 있도록 10g씩 큐브에 담아서 얼렸습니다. 아내가 이유식을 담는 동안 저는 열심히 설거지를 했습니다. 소고기를 담았던 그릇들은 기름기가 많아서 더 꼼꼼히 닦았습니다. 그리고 미리 불려둔 완두콩 껍질도 까고, 고구마도 잘라서 상한 부분을 제거해서 베이비무브에 다시 담았습니다. 쌀도 불려서 아까 나왔던 단호박+소고기 육수로 밥도 만들었습니다. 또 30분이 지난 후에, 완두콩과 밥은 큐브에 잘 담아서 얼리고, 고구마는 절구에 갈아서 간식으로 만들었습니다. 4가지의 이유식과 고구마 간식까지 만드는 데 생각보다 시간도 많이 걸리고, 치울 것도 많고, 설거지할 것도 많았지만, 아내와 함께 도란도란 이야기하며 준비하는 과정이 참 즐거웠습니다.

"우리는 하나님의 동역자들이요 너희는 하나님의 밭이요 하나님의 집이니라" (고린도전서 3장 9절)

저와 아내는 윤이를 키우기 시작하면서 철저하게 역할을 분담하고 있습니다. 지금까지는 저와 아내가 서로 하는 일을 존중해주며 잘 지내고 있습니다. 고린도전서 3장을 보면, 고린도교회 안에 분쟁이 있었음을 알 수 있습니다. 서로 나는 아볼로파다, 나는 바울파다 하면서 싸우고 있었습니다. 그러나 바울은 "나는 씨앗을 심은 것이고, 아볼로는 씨앗에 물을 준 것입니다. 그리고 결국 씨앗을 자라게 하신 분은 하나님이십니다"라고 말합니다. 즉, 서로의 사역을 무시하거나 평가하지 않고, 합력하여 선을 이루는 것이 하나님의 뜻이라는 것입니다.

우리는 하나님의 동역자들입니다. 서로의 역할도 다르고, 재능도 다르고, 생각도 다를 수 있습니다. 그러나 하나님께서는 그 모든 사람들을 통해서 일하십니다. 여러분의 동역자는 누구인지 생각해보시기 바랍니다. 같은 방향을 바라보는 사람들을 소중히 여기고, 그들과 함께 동역하는 저와 여러분이 되길 소원합니다.

윤아!

윤이가 먹는 (사실 잘 안 먹을 때가 많지만!) 이유식은 엄마 아빠가 열심히 만든 것들이야!

엄마도 최선을 다해서 엄마의 일을 하고, 아빠도 최선을 다해서 아빠의 일을 했더니, 그것들이 합쳐져서 좋은 결과들이 나오고 있는 것 같아. 이제 엄마 아빠뿐만 아니라, 윤이랑도 함께 동역하고 있다는 생각이 들어.

지금처럼 건강하게 잘 성장하는 게 윤이의 일이야! 그 모습을 보며 엄마 아빠와 또 많은 가족들이 행복해지니까. 지금도 엉덩이를 씰룩거리면서 열심히 놀고 있는 윤이를 보면서, 아빠는 또 아빠의 일을 더 열심히 해야겠다는 생각이 들어. 지금 윤이를 돌보는 일도 최선을 다하고, 또 윤이가 좀 자란 후에는 아빠도 다시 밖에서 일을 해야 할 텐데 그 부분도 잘 준비하고 있을게!

오늘 오후도 아빠랑 재밌게 놀자! 사랑해!

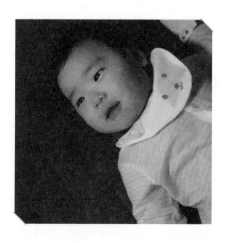

스스로 주장하기보다는,
삶으로 평가받아야 합니다!

♥♥♥♥♥♥

요즘 주일예배 전에, 1:1 제자양육을 받고 있습니다. 사실 목사이기 때문에 항상 누군가를 가르치고 양육해주는 입장이었는데, 이번에 새로운 교회에서 한 명의 성도의 입장으로 배울 수 있어서 정말 즐거운 마음입니다. 지난주에도, 오늘도 교회 근처 카페에서 양육을 해주시는 이끄미 분과 함께 대화를 나눴습니다. 대화하는 동안 윤이는 유모차에서 치발기를 가지고 놀기도 하고, 무릎 위에서 종이를 구기면서 놀기도 하고, 나름대로 재밌는 시간을 보냈습니다. 윤이가 조금 짜증을 낼만하면, 제가 빠르게 그 신호를 파악해서 안아주거나 자세를 바꿔줬습니다. 다행히 크게 울지 않고 무사히 양육을 마칠 수 있었습니다.

이렇게 외부에서 윤이를 돌볼 때, 비로소 육아 실력(?)이 드러나는 것 같습니다. 아이를 잘 키우는지 아닌지는 제가 스스로 평가하는 것이 아니고, 밖에서 바라보는 타인들의 평가에 의해서 결정되는 것 같습니다. 남들에게 아무리 "나는 아이를 잘 키우고 있습니다"라고 말하고 다녀도, 밖에서 아이를 잘 돌보지 않는다면 그 말은 공허한 소리가 될 뿐입니다. 반대로 별 말하지 않아도, 아이의 필요를 읽어내고 빠르게 대처하는 모습을 보여주면, 주변 사람들이 알아서 아이를 잘 키운다고 인정해줄 것입니다.

"만나매 안디옥에 데리고 와서 둘이 교회에 일 년간 모여 있어 큰 무리를 가르쳤고 제자들이 안디옥에서 비로소 그리스도인이 라 일컬음을 받게 되었더라" (사도행전 11장 26절)

오늘 주일예배 시간에 안디옥 교회에 대한 설교를 들었습니다. 설교 본문 중에 유독 위의 26절 본문이 제 마음을 움직였습니다. 안디옥 교회 는 거룩하고 사랑이 넘치는 모습을 가지고 멋지게 성장했던 초대교회입 니다. 안디옥 교회 성도들은 뭔가 달랐던 것 같습니다. 세상 속에서 뭔가 특별한 삶을 살고, 빛을 밝히는 삶을 살고, 서로 사랑하는 삶을 살았던 것 같습니다. 그렇게 살다 보니, 믿지 않는 사람들이 그들을 향해서 "쟤들은 뭔가 달라. 예수 그리스도를 믿는다는 애들인데, 뭔가 특별해"라고 생각 하게 됐던 것입니다. 안디옥 교회 성도들이 스스로 "우리는 그리스도인이 야"라고 말하지 않았습니다. 하나님의 뜻대로 살다 보니, 그리스도인이라 고 일컬음을 받게 되었습니다.

저와 여러분도 누군가에게 "나는 이러이러한 사람이야!"라고 주장하 는 것에 너무 시간을 쏟지 않았으면 좋겠습니다. 윤이를 잘 키우다 보면, 자연스럽게 사람들이 알아줄 것입니다. 제가 먼저 나서서, 만나는 사람마 다 제가 얼마나 육아를 열심히 하는지 구구절절 떠들 필요가 없는 것입니 다. 하나님 뜻대로 살다 보면, 자연스럽게 우리가 그리스도를 닮은 사람 이라는 평가를 받게 될 것입니다.

스스로 주장하기보다는, 삶으로 평가받는 저와 여러분이 되길 소원 합니다.

윤아!

윤이가 집에서뿐만 아니라 밖에서도 아빠를 많이 도와줘서 너무 고마워. 매일 윤이를 돌보면서, 아빠도 윤이에 대해서 많이 알게 된 것 같아. 표정이나 울먹이는 소리들, 입술을 짭짭거리는 표현들, 버둥거리는 움직임들 등을 보면서 윤이가 뭘 원하는지 조금은 알 수 있어.

집에서 그렇게 매일 윤이랑 서로 사투를 벌이면서, 열심히 윤이에 대해서 공부한 덕분에, 밖에 나와서도 어느 정도는 윤이를 잘 돌볼 수 있는 것 같아. 앞으로도 아빠는 묵묵히 윤이를 보살펴줄게. 조용하게 윤이를 돌봐주고, 윤이에 대해서 더 배워가고 윤이의 필요를 채워줄게. 그러다 보면 어느 순간 정말 좋은 아빠라는 평가를 받을 수 있지 않을까 싶어!

남은 하루도 아빠랑 재밌게 놀자. 사랑해!

엄청난 사랑을 받았습니다!

♥♥ ♥ ♥

　　어제 저녁에 윤이를 재우고 난 후에 아내와 함께 집 청소를 하고 이유식을 만들었습니다. 쌀을 씻어서 불리고 사과도 자르고 청경채를 쪄서 절구에 갈았습니다. 다음에 밥과 돼지고기를 이유식 찜기에 넣어서 40분 정도 돌려줬습니다. 준비된 재료들을 믹서기에 넣고, 적당히 갈아주고 난 후에, 모양을 내서 에어프라이어에 넣었습니다. 180도에 10분 돌리고, 뒤집어서 또 10분 돌리면 돼지고기 스틱 완성입니다. 사실 시간이 좀 걸려서 그렇지, 요리 자체는 어려운 게 아니다 보니 어제도 무사히 잘 만들어서 에어프라이어를 돌려놓고 설거지를 하고 있었습니다.

　　그런데 설거지하면서 보니, 실리콘 재질의 뒤집개가 좀 파여 있는 걸 발견했습니다. 추측컨데, 뒤집개로 믹서기에서 음식을 꺼내는 와중에 믹서기 칼날에 찍혀서 실리콘이 떨어져 나간 게 아닌가 싶었습니다. 저는 그 흠집을 발견하자마자, 바로 다 만들어진 스틱들을 버리고 모든 재료를 처음부터 다시 준비했습니다. 실리콘 조각들을 윤이가 먹도록 내버려 둘 수는 없었기 때문입니다. 다음 날 출근해야 하는 아내를 먼저 재우고, 혼자서 다시 이유식을 만들면서 약간 마음이 울컥했습니다. 솔직히 제가 먹는 음식이었다면, 평소 제 성격상 그깟 실리콘이나 플라스틱이나 뭐든 조금 먹는다고 죽는 것도 아니라면서 대충대충 먹었을 것입니다. 그런데 윤이와 관련된 일에는 저도 모르게 단호하게 새로 만드는 모습을 보면서, 자신의 아들을 내어주신 하나님의 사랑이 얼마나 무거운 사랑인지를 새롭게 느끼게 되었습니다. 결국 12시가 훌쩍 넘어서 완성된 이유식을 냉장고에 넣으면서, 아래의 말씀이 떠올랐습니다.

"하나님이 세상을 이처럼 사랑하사 독생자를 주셨으니 이는 그를 믿는 자마다 멸망하지 않고 영생을 얻게 하려 하심이라" (요한복음 3장 16절)

너무나 유명한 이 말씀을 읽을 때, 예전에는 "하나님이 세상을 이처럼 사랑하사"라는 앞부분, 혹은 "영생"이라는 단어를 중요하게 묵상했었습니다. 그런데 어제는 "독생자를 주셨으니"라는 이 문장의 무게를 깊게 묵상했습니다. 저는 윤이를 위해서는 평소의 저와 전혀 다른 엄격한 위생적 기준을 가지고, 훨씬 더 안전을 추구하는 행동을 합니다. 하나님께서도 자신의 독생자인 예수 그리스도를 향한 특별한 사랑을 품으셨을 것입니다. 그럼에도 불구하고 이 땅에 보내신 것입니다. "독생자를 주셨으니"라는 문장은 처절한 사랑이 가득 담겨있는 말씀인 것입니다.

오늘 저와 여러분이 하루를 살아가면서, 우리가 받은 하나님의 사랑이 엄청나게 무겁고 강렬한 사랑이라는 사실을 기억했으면 좋겠습니다. 그 사랑을 의지하며 살아간다면, 인생 가운데 마주하는 다양한 문제와 근심거리들을 넉넉히 이겨낼 수 있을 것입니다.

윤아!

오늘 윤이가 아빠가 만들어준 이유식을 맛있게 잘 먹어주는 모습을 보니까 너무 행복하다. 만약에 아빠가 어제 뒤집개가 파인 걸 못 봤다면, 윤이가 실리콘이 섞인 음식을 먹었겠지? 그 생각을 하니까 차라리 엄마 아빠가 조금 더 고생하고 윤이가 안전하고 깨끗한 음식을 먹는 게 훨씬 좋다는 생각이 들어. 참 신기한 마음이야. 따로 공부하거나 배운 거도 아닌데, 윤이를 향한 사랑이 엄마 아빠를 많이 변화시키는 것 같아.

그리고 하나님께서 이 사랑보다 더 큰 사랑을 우리에게 주셨다는 사실이 너무나 감격스러워. 앞으로도 아빠는 먼저 하나님의 사랑을 가득 느끼면서 살고, 그 받은 사랑을 가지고 윤이에게 아빠가 줄 수 있는 최고의 사랑을 줄게!

남은 오후도 행복하게 보내보자. 사랑해!

보고 배우며, 조금씩 성장해야 합니다!

♥♥♥♥♥♥

아이의 성장을 잘 지켜보면, 본능적으로 배우는 영역이 있고 사회적인 학습을 통해 배우는 영역이 있는 것 같습니다. DNA에 각인되어 있어서 자연스럽게 행동하는 발달 과정은 굳이 가르쳐줄 필요가 없습니다. 예를 들어서, 제가 윤이 앞에서 기어다니는 모습을 보여줘야 윤이가 기어가는 게 아닙니다. 적절한 시기가 되면 알아서 뒤집고, 알아서 기어가려고 노력합니다. 그걸 열심히 연습할 수 있도록 환경을 만들어주기만 하면 됩니다. 반면에 옆에서 보여줘야 배우는 것도 있습니다. 기는 법은 윤이가 스스로 깨우치지만, 어디로 기어가서 뭘 가지고 놀아야 하는지는 옆에서 어른이 알려줘야 합니다.

얼마 전에 나무블록을 쌓아놓고 제가 먼저 넘어트리는 모습을 계속 보여줬더니, 윤이도 보고 따라 하던 것이 기억납니다. 저와 아내가 핸드폰을 볼 때가 있다 보니, 윤이도 핸드폰 쪽으로 막 기어가기도 합니다. 앞으로 윤이는 저와 아내가 어떻게 교육하느냐에 따라서 많이 달라질 것입니다.

"너희는 내게 배우고 받고 듣고 본 바를 행하라 그리하면 평강의 하나님이 너희와 함께 계시리라" (빌립보서 4장 9절)

저는 본문을 묵상하며, 바울의 당당함이 너무나 존경스럽게 느껴졌습니다. 바울은 "내게 배우고 받고 듣고 본 바를 행하라"라고 말합니다. 이 말속에는 자신의 행동이 빌립보교회 교인들이 곧바로 따라 하면 될 만큼 하나님의 뜻에 합당했다는 자신감이 담겨 있습니다.

제 소원은 윤이에게 "아빠가 하는 대로 보고 배우면, 그게 하나님 뜻대로 사는 거야!"라고 당당하게 말할 수 있는, 그런 아빠가 되는 것입니다. 물론 쉽지 않을 것입니다. 그렇지만 그 길을 목표로 삼고 차근차근 성장해나가려고 합니다.

저와 여러분 모두 각자의 삶 속에서, 존경하는 선배나 스승을 바라보며 차근차근 배워가고, 또 누군가에게 삶으로 하나님 뜻을 알려주는 그런 사람이 되길 소원합니다.

윤아!

윤이가 점점 커갈수록, 아빠가 말과 행동 모두 항상 조심해야겠다는 생각이 들어. 아빠의 모습을 윤이가 계속 지켜볼 거고, 아빠의 말과 태도와 표정 등을 윤이가 보고 배울 거니까! 사도바울처럼 "내 행동을 따라 해라"라고 당당하게 말할 수 있는, 그런 아빠가 되고 싶어. 아직은 아빠가 스스로 돌아봐도, 참 부족한 면이 많지만, 조금씩 노력할게!

아빠가 먼저 올바른 길로 걸어가고, 나중에 윤이가 커가면서 이 길을 그대로 따라올 수 있었으면 좋겠다.

사랑해 윤아!

들으신다는 사실 자체가 감사한 것입니다!

🤍 🤍 🤍

어제 몸이 좀 아프더니, 코로나 양성이 나왔습니다.

오늘 윤이도 검사를 했더니 양성이 나왔습니다. 아내는 계속 음성이 나와서, 아내가 숙소를 따로 잡고 제가 윤이를 돌보면서 집에서 격리를 하기로 했습니다. 덕분에 오늘 하루는 정말 정신이 없었습니다. 아침에 눈을 뜨니 아내가 없었고, 아이는 열이 38도여서 바쁘게 움직였습니다. 빨리 해열제를 먹이고, 미온수 마사지도 해주고, 분유도 먹이고, 보습도 해줬습니다. 이후에 같이 골골대면서 거실에서 놀다가, 2시간 간격으로 해열제를 종류 바꿔서 먹이라고 하길래 해열제를 먹이고 낮잠을 재웠습니다. 다행히 저도 증상이 심하진 않았고, 윤이도 열은 나지만 엄청나게 다운되거나 그러진 않았습니다. 계속 비슷한 상황이 반복되는 와중에 윤이는 이유식도 먹고 분유도 먹었습니다. 약간 평소보다 덜먹긴 했지만, 그래도 필요한 만큼은 먹은 것 같습니다. 참 신기하게도 이게 너무나 감사했습니다. "왜 우리를 아프게 하십니까?"라는 기도보다는, "밥이라도 잘 먹게 하시니 감사합니다"라는 기도가 나왔습니다.

"여호와께서 내 음성과 내 간구를 들으시므로 내가 그를 사랑하는도다" (시편 116편 1절)

시편 기자는, 하나님께서 내 음성과 간구를 완벽하게 성취해주셨기 때문에 기뻐하는 것이 아닙니다. 그저 들어주셨기 때문에, 보잘것없는 인간인 자신의 말을 위대하신 하나님께서 "들어(hear)" 주셨기 때문에 만족하고 있습니다. 얼마 전부터 다양한 삶의 순간들 속에서 하나님께 말을 거는 연습을 하고 있습니다. 놀랍게도 너무나 사소한 제 이야기들을 하나님께서 다 들으신다고 생각하니 너무나 감사했습니다. "저와 아들이 아프지 않게 해 주세요"라고 기도하고, 그 기도가 성취되어 병이 나아야만 감사할 줄 아는 신앙은 아직 많이 부족한 신앙이라 생각합니다. 윤이를 보면서 "하나님, 윤이 미온수 마사지를 해줘야 하는데 저도 아프네요 참 이거 쉽지 않네요"라고 혼잣말처럼 중얼중얼 말했는데, 그 쓸모없고 가치 없는 멘트도 하나님께서 들으신다는 사실이 너무나 감사했습니다.

저와 여러분이 하나님과 자꾸만 거래를 하려고 하는 신앙이 아니라, 하나님과의 깊은 사귐이 있는 신앙생활을 갖게 되길 소원합니다. 그 속에 참 기쁨이 넘칠 줄로 믿습니다.

윤아!

아빠랑 함께하는 즐거운(?) 격리 생활이 시작됐네. 아마 엄마가 채워주던 부분들을 아빠가 해야 해서 좀 부족하게 느껴지기도 할 거야. 아무래도 아빠가 엄마보다 눈썹을 잘 못해주니까. 엄마는 좀 꼼꼼하게 해 주는데 아빠는 덕지덕지 바르는 느낌이지?

하지만 이렇게라도 버티고 함께 이겨낼 수 있다는 것 자체가 참 감사한 것 같아. 윤이를 돌보면서, 아빠도 몸이 좀 축축 다운될 때가 있는데, 그럴 때마다 하나님께 말을 걸고 있어. 하나님께서 들으신다는 사실이 엄청 큰 힘이 되더라! 윤이도 이 사실을 꼭 배웠으면 좋겠어. 1주일 격리해야 하니까, 이래저래 고생은 하겠지만!

엄마 아빠랑 같이 잘 이겨내 보자! 사랑해 윤아!

주어진 위치에서 최선을 다하는 일!

♥♥♥♥♥♥

　코로나에 걸린 7개월 아이를 보살피면서, 저와 아내는 각자의 위치에서 서로 최선을 다하고 있습니다. 어제는 윤이가 갑자기 알레르기가 올라와서 급하게 병원에 가야 하는 상황이 있었습니다. 아내가 확진자가 아니어서, 빠르게 병원을 예약해서 진료를 받을 수 있었습니다. 또한 이후에 약국에서 약을 받아오는 일도 훨씬 수월했습니다. 아내는 퇴근 후에 집에 와서, 제가 격리되어 있는 공간을 피해서 윤이를 돌봐주고 집안일들을 도와주었습니다.

　어제 윤이가 잠들고 난 후, 아내는 직장 인근의 숙소로 떠났습니다. 그렇지만 저와 함께 새벽에 계속 2~3시간마다 일어나서 연락을 주고받았습니다. 제가 윤이 온도를 체크해서 알려주고, 아내와 함께 대처방안에 대해서 상의를 했습니다. 새벽 1시에 갑자기 윤이가 열이 확 올라와서 급하게 아내와 통화를 하고, 해열제를 먹이고 미온수 마사지를 해줬습니다. 걱정스러운 상황이 다가와도, 아내와 함께 대화하며 대처할 수 있어서 마음이 든든했습니다. 이처럼 저도 제가 할 수 있는 영역에서 열심히 윤이를 돌보고, 아내도 퇴근 이후와 유선상으로 열심히 아이를 돌보고 있습니다.

"각자 은사를 받은 대로 하나님의 각양 은혜를 맡은 선한 청지기 같이 서로 섬기십시오" (베드로전서 4장 10절, 우리말성경)

저와 아내가 각자 할 수 있는 일이 다른 상황입니다. 저는 윤이와 함께 확진이 된 상태이고, 아내는 계속 코로나 음성이 나오고 있습니다. 저는 계속 윤이를 집에서 돌보는 게 일이고, 아내는 밖에서 일을 하고 있습니다. 하지만 상황과 입장은 다르지만, 하나님께서 주신 은사대로 각자의 일에 선한 청지기같이 섬기려고 합니다. 본문을 보면, 하나님의 은혜를 맡은 청지기같이 "서로" 섬기라고 기록되어 있습니다. 저와 아내가 각자의 위치에서 서로 섬기며 최선을 다하는 것처럼, 우리의 모든 삶의 위치에서 이러한 태도가 필요하다고 생각합니다.

서로 은사가 다를 수 있습니다. 각자 상황이 다를 수 있습니다. 그러나 주어진 위치에서 최선을 다하는 일, 또한 서로 존중하며 섬기는 일은 누구나 할 수 있습니다. 지금 저는 거의 완벽하게 회복이 됐고, 윤이는 조금씩 열이 날 때도 있지만 전반적으로 컨디션은 괜찮은 편입니다. 앞으로도 많은 위기들 앞에서 서로 은사를 따라 일하며, 하나님의 은혜로 서로 섬기며 살아가고 싶습니다.

저와 여러분 모두 서로 섬기는 기쁨을 가득 누리며 살아가게 되길 주님의 이름으로 소원합니다.

윤아!

다행히 아빠는 먼저 많이 회복이 됐고, 이제 윤이가 추가적인 증상 없이 격리기간을 잘 견뎌내길 바랄 뿐이야. 열이 조금씩 올라오긴 하지만, 엄마랑 아빠가 아주 열심히 지켜보고 있고! 곧바로 대처를 해주니까, 아마 크게 걱정할 일은 없을 거야.

이번에 격리를 하면서, 윤이와 보내던 평범한 일상이 얼마나 소중했는지도 배우게 되고, 또 엄마와 아빠가 각각 역할을 잘 분담해서 최선을 다하는 경험도 해보는 것 같아. 아직 다 나은 건 아닌 것처럼 보이지만, 그래도 지금까지처럼 엄마 아빠가 최선을 다해서 보살펴줄게!

같이 힘 내보자!

사랑해!

사랑의 시선으로 보면, 그 자체로 아름답습니다!

어젯밤에도 윤이가 계속 고열에 시달려서 고생을 했습니다. 밤 11시에 열이 높게 나와서, 각종 약들을 먹이고 미온수 마사지를 시작했습니다. 열이 살짝 내려갔지만, 계속 진정하지 못하고 울어서 윤이 옆에서 같이 누워서 다독여줬습니다. 잠들었나 싶어서 나가려고 하면 깨서 울고, 또 달래준 후에 나가려고 하면 또 울고, 계속 예민한 모습을 보여줬습니다. 결국 3시가 넘어서 윤이 방에서 빠져나올 수 있었습니다. 아침에도 비슷하게 열이 올라와서, 똑같이 약을 먹이고 미온수 마사지를 해줬습니다. 다행히 이번에는 열이 금방 잡혀서, "이제 다 끝났구나"라고 생각하며 편히 쉬고 있었습니다.

그런데 분명히 열은 안 나는데, 악을 쓰면서 울어대기 시작했습니다. 어제 새벽에 제대로 잠을 못 자고 칭얼거리느라 많이 피곤했나 봅니다. 50분 정도를 엉엉 울다가, 제 어깨에 고개를 파묻고 안긴 상태로 잠에 들었습니다. 저도 새벽에 잠을 제대로 못 자고, 목도 아프고, 윤이를 1시간 넘게 안고 있느라 상당히 피곤했습니다. 그런데 푹 자고 일어난 윤이가 기분 좋게 배시시 웃어주자, 한 순간에 피로가 싹 사라지는 것 같았습니다. 윤이 특유의 웃음을 시작으로, 지금까지는 윤이가 잘 놀고 있습니다. 저 미소를 보고 있으면, 잠을 좀 못 잔 거나 피곤한 거나 아픈 거나 힘든

게 싹 사라지는 것 같습니다.

> "네가 내 눈에 보배롭고 존귀하며 내가 너를 사랑하였은즉" (이
> 사야 43장 4절 중 일부)

하나님께서도 이스라엘을 향해서 말씀하십니다. "네가 내 눈에 보배
롭고 존귀"하다! 중요한 부분은 바로 "내 눈"입니다. 하나님의 눈으로 보
기에 우리는 보배롭고 존귀하며, 따라서 사랑받을 가치가 있는 존재입니
다. 그러나 다른 눈으로 보면 어떨까요? 세상의 눈, 자본주의의 눈, SNS
의 눈 같은 이상한 눈으로 보면, 우리가 보배롭고 존귀한 존재가 아니라
쓸모없는 존재로 보일 수도 있습니다. 자꾸만 세상의 눈으로 스스로를 보
면, 한계와 단점과 문제들만 보이게 됩니다. 제가 윤이를 보며 아무리 저
를 괴롭히고 힘들게 했어도 사랑스럽게 쳐다보는 것처럼, 하나님께서도
우리 모두를 향해 따뜻한 눈으로 사랑의 손길을 내밀어주십니다. 이 세상
은 그 따뜻한 하나님의 눈이 아니라, 차갑고 비판적인 세상의 눈으로 봐
야 한다고 우리를 속이고 있습니다.

그 세상의 음성을 무시하고, 하나님의 사랑을 가득 누리는 저와 여러
분이 되길 소원합니다.

윤아!

이러다가 오후에 또 아플 수도 있지만, 그래도 지금 너무너무 밝게 웃으며 놀고 있는 윤이를 보면서 아빠는 너무 행복하단다. 계속 울고 칭얼거리고 고생을 시키기도 하지만, 그런 것들은 모두 윤이의 밝은 미소 한 번이면 싹 물러가는 것 같아!

앞으로도 아빠는 윤이를 항상 따뜻한 눈으로 바라볼게. 지금처럼 아프고 힘들어서 짜증을 낼 때, 그럴 때도 아빠는 윤이의 든든한 버팀목이 되어줄게. 하나님이 우리를 바라보시는 시선이, 오늘 아빠가 윤이를 보던 시선과 같은 게 아닐까 싶어. 지난 몇 시간 동안 날 얼마나 괴롭혔는지 따위는 전혀 기억이 나질 않고, 그냥 있는 그대로 바라보며 웃게 되는 그 시선. 그 시선으로 하나님께서 아빠를 바라보신다고 생각하니까, 정말 감동적인 것 같아!

오늘도 잘 버티고, 빨리 코로나를 이겨내자! 사랑해 윤아!

호기심을 가지고, 새로움을 찾아 나섭시다!

♥♥♥♥♥♥

코로나를 완전히 이겨낸 윤이는 이제 집안 곳곳을 누비며 열심히 탐험을 하고 있습니다. 어떻게든 구석으로 기어들어가서 눈에 보이는 것들을 다 건들면서 놀아봐야 속이 풀리나 봅니다. "설마 여기까지 가겠어?"라고 생각한 모든 곳을 다 들어가서 공기청정기, 각종 전선, 기저귀 통을 다 때려봅니다. 기어가지 말라고 임시로 세워놓은 구조물이 있는데, 그 밑으로 기어들어가서 놀기도 합니다. 사실 저도 입으로는 "하지 마 하지 마"라고 하면서도, 윤이가 구석구석 돌아다니며 노는 것이 너무 귀여워서 열심히 사진도 찍으면서 구경하고 있습니다. 참 귀엽긴 하지만, 위험하기도 해서 보호 스펀지도 여기저기 붙이고, 전선도 치우는 등 계속해서 안전한 놀이공간을 만들어주려고 노력 중입니다.

> "이는 사람으로 혹 하나님을 더듬어 찾아 발견하게 하려 하심이로되 그는 우리 각 사람에게서 멀리 계시지 아니하도다" (사도행전 17장 27절)

저는 윤이를 비롯한 아이들이 이렇게 계속 무언가를 궁금해하고, 호기심을 가지고 탐험해나가는 이 과정이 인간의 독특한 특성이라고 생각합니다. 하나님께서 인간에게는 그렇게 계속 질문하고, 찾아 나서려고 하는 열망을 마음속에 주신 것 같습니다. 오늘 본문은 하나님의 일반 계시를 설명하는 유명한 본문입니다. 그리스도인은 성경을 하나님의 특별한 계시라고 믿습니다. 하지만 그렇다고 오직 성경만을 통해서 하나님이 자기 자신을 드러내시는 것은 아닙니다. 인간에게 주신 이성과, 호기심과, 지적 능력을 통해서 하나님을 더듬어 찾을 가능성도 있습니다. 광활한 자연을 보며, 생명의 신비를 경험하며, 하나님의 창조질서에 감탄하며, 다양한 방식으로 하나님을 경험할 수 있습니다.

윤이가 최선을 다해서 구석구석 돌아다니고 계속해서 새로운 곳을 향해 기어가는 것처럼, 저와 여러분도 매일 새로운 하나님의 모습을 발견하고자 애쓰는 열정이 있길 소원합니다. 성경을 통해서도, 또 각종 삶의 경험들을 통해서도, 우리에게 스스로를 드러내시는 하나님을 만나게 되길 소원합니다.

윤아!

아빠는 솔직히 얼마 전까지는 윤이가 구석구석 막 들어가서 옷을 더럽히고, 위험하게 그러는 게 약간 불편하기도 했어. 그런데 이번에 코로나 때문에 아플 때 윤이가 얌전하던 걸 보니까, 오히려 좀 사고치더라도 돌아다니고 계속 탐험하는 게 더 좋은 것 같아. 신기하게도 뭐가 쪼끔만 새로운 게 생기면, 그쪽으로 호다닥 기어가더라!

윤이가 계속 호기심을 가지고 탐구하듯이, 아빠도 항상 새로운 하나님의 사랑을 경험하기 위해서 애쓰며 살아야겠어. 열심히 청소도 해주고, 안전하게 모서리도 막아주고, 잘 보살펴줄 테니까, 윤이는 계속해서 열심히 기어 다니고 놀면 된단다!

사랑해 윤아!

스스로를 살펴 아는 지혜!

♥♥♥♥♥♥

　　윤이의 침대가 있는 방에는 베란다가 있습니다. 예전에 윤이 분리 수면을 시작하면서, 낮에도 방을 어둡게 하기 위해서 저와 아내는 블라인드를 달아서 빛이 들어오지 못하게 막아놨습니다. 얼마 전까지만 해도 아무런 문제가 없었습니다. 아주 가끔 환기하는 경우를 제외하고는, 베란다는 항상 창문이 닫혀 있고 블라인드로 가려져 있었습니다. 그런데 아주 최근에 환기를 하려고 문을 열어보니, 베란다 벽에 곰팡이가 가득했습니다. 최근에 날이 추워지면서 윤이 방에 보일러도 틀고 가열식 가습기를 틀어놓으면서, 방과 베란다 사이의 온도차가 커진 것 같습니다. 그래서 갑자기 곰팡이가 확 올라왔고, 블라인드로 가려져 있어서 곧바로 확인을 못했던 것 같습니다. 곧장 블라인드를 뜯어내고, 곰팡이 제거제를 잔뜩 뿌리고 환기를 시켰습니다. 다행히 아주 최근에 생긴 곰팡이여서 그런지, 금방 깔끔하게 다 사라졌습니다.

　　"부자는 자기를 지혜롭게 여기나 가난해도 명철한 자는 자기를 살펴 아느니라" (잠언 28장 11절)

　　잠언의 본문은 지혜로운 자와 미련한 자를 구분하고 있습니다. 일반적으로 사람들은 부자가 지혜롭고, 가난한 자가 미련할 것이라고 생각합니다. 그러나 성경의 시선은 전혀 다릅니다. 스스로를 지혜롭다 여기는 자가 미련한 사람이고, 계속 자기 자신을 살펴보는 사람이 지혜로운 사람입니다. 베란다를 계속 어둡게 방치했다면, 곰팡이가 점점 더 많아지고 결국엔 윤이의 호흡기에 안 좋은 영향을 미쳤을 것입니다. 자주 환기하고, 상태를 확인하고, 상황을 파악하는 것이 '지혜'입니다. 그냥 대충 내버려 두는 것은 '교만'입니다. 이번 베란다 사건을 겪으면서, 모든 일에 대해서 대충 하던 대로 내버려 두는 오류를 범하지 않겠다고 다짐했습니다. 항상 지혜롭게 살펴보고, 게으름과 오만함에 빠져들지 않도록 진지하게 성찰하는 삶을 살아가고 싶습니다.

저와 여러분 모두 성경적인 '지혜로운 자'가 되길 소원합니다. 말씀 앞에 날마다 자기 자신을 비춰보고, 날마다 선한 싸움을 싸우며 성장하는 저와 여러분이 되길 소원합니다.

윤아!

이번에 곰팡이를 보고 정말 깜짝 놀랐어. 불과 2~3일 전까지만 해도 곰팡이가 없었는데, 방에 보일러를 틀면서 확 올라온 것 같아. 만약에 엄마 아빠가 자주 환기하지 않고, 자주 블라인드를 열어보지 않았다면, 아마 훨씬 상태가 심각해졌을 거야.

아빠가 앞으로도 항상 윤이의 건강과 관련한 부분들을 대충 넘어가지 않고 자세히 살펴볼게. 윤이와 관련한 것들뿐만 아니라, 아빠의 신앙생활과 일상생활의 다양한 영역들에서, 지혜가 필요한 것 같아. 스스로를 살펴보는 사람, 되돌아보고 성찰하는 사람으로 성장해야겠어!

윤이도 지혜로운 아이로 자라나길 기도할게.

사랑해 윤아!

2022년 12월 7일
D+241, 7개월 27일

하루하루 평안하게 살아가는 방법!

♥♥♥♥♥♥

오늘은 윤이를 데리고 사진관에 다녀왔습니다. 사실 오늘은 윤이가 태어난 지 241일째 되는 날인데, 코로나로 일정이 밀리고 밀려서 이제야 200일 촬영을 하게 되었습니다. 윤이가 푹 자고 나서 가장 신나게 노는 시간대에 예약을 해놔서, 다행히 전혀 울지 않고 빠르게 사진을 찍었습니다. 모자도 바꿔가면서 찍고, 의자에도 앉혔다가 소파에도 눕혔다가 여러 자세로 촬영을 했습니다. 방긋방긋 웃으면서 잘 따라와 줘서 너무 기특했습니다. 너무 귀여운 오늘의 결과물들을 보면서, 아내와 함께 예전에 찍었던 사진들을 찾아봤습니다. 조리원에서 찍었던 사진, 50일 촬영, 100일 촬영, 200일 촬영 사진들을 모아놓고 보니, 윤이가 그동안 정말 많이 성장했다는 것을 한눈에 볼 수 있었습니다.

"평안을 너희에게 끼치노니 곧 나의 평안을 너희에게 주노라 내가 너희에게 주는 것은 세상이 주는 것과 같지 아니하니라 너희는 마음에 근심하지도 말고 두려워하지도 말라" (요한복음 14장 27절)

예수님께서는 "나의 평안을 너희에게 주노라"라고 말씀하십니다. 예수께서 주시는 평안은 세상이 주는 것과 같지 않다고 하는데, 그렇다면

"세상이 주는 평안"은 어떤 것일까요? 세상이 주는 평안은 '결과'를 보고 난 후에 '짧게' 경험하는 평안입니다. 세상의 기준을 따라 살아가도 잠시 동안은 마음의 평안을 누릴 수도 있습니다. 승진, 취업, 사업의 성공, 자녀의 성공 등의 좋은 일이 생기면, 그 결과를 바라보면서 잠시 즐거워하게 됩니다. 하지만 그 평안은 금방 사라집니다. 앞으로 또 다음 승진을 어떻게 할지, 다음 사업은 어떻게 할지, 아이가 어떻게 자라날지 걱정하면서 근심에 빠지게 됩니다.

반대로 예수께서 주시는 평안은 '과정'을 보며 '꾸준히' 경험하는 평안입니다. 예수님의 평안을 가지고 살아가면, 결과에 너무 집착하지 않게 됩니다. 결국에는 선하게 인도하실 하나님을 신뢰하기 때문입니다. 우리가 다 알 수 없는 하나님의 뜻이 있음을 믿기 때문입니다. 성공이라는 결과를 눈으로 보지 못한 상황이지만, 그 결과에 상관없이 과정 속에서 하나님의 동행하심을 경험하게 됩니다. 그러면 결과와 상관없이 평안을 누릴 수 있습니다. 근심과 두려움이 사라집니다. 윤이가 지금까지 성장해왔던 것처럼, 하나님께서는 하나님의 방식대로 앞으로도 윤이를 키우실 것이라고 생각합니다. 그 키우시는 방식이 제 생각과는 다를 때도 분명히 있을 것입니다. 또는 큰 어려움이나 고난이 닥칠 때도 있을 것입니다.

그러나 그 속에서도 평화를 누릴 수 있을 것이라 확신합니다. 예수께서 그 평안을 주신다고 약속하셨기 때문입니다. 저와 여러분 모두 자꾸만 결과에 집착하면서 일희일비하며 근심에 빠져있는 그런 삶이 아니라, 하나님과 동행하며 평안을 경험하길 소원합니다.

윤아!

오늘 사진 촬영을 너무너무 잘 따라와 줘서 고마워! 과거의 사진들을 쭉 다시 보니까, 눈도 못 뜨던 윤이가 눈웃음을 치는 아이가 되었고, 정말 작았던 윤이가 나름 덩치가 큰 아이가 되었고, 뒤집지도 못하던 윤이가 앉아서 버티기도 하고, 모든 부분에서 많이 성장했다는 걸 볼 수 있었어.

성장했다는 결과 자체도 중요하겠지만, 윤이가 성장하는 과정에서 아빠라 함께 쌓았던 많은 추억들이 있었고, 또 앞으로도 여러 추억들을 쌓아갈 것이 너무 기대가 된단다. 예수님께서 세상이 주는 것과 전혀 다른 평안을 주신다고 하셨는데, 윤이를 키우면서 그 평안을 가득 경험해봐야겠어. 너무 근심하지 않고, 너무 두려워하지 않고, 평안하게 윤이랑 함께 하루하루 생활해나가고 싶어.

앞으로도 아빠랑 행복하게 지내보자! 사랑해 윤아!

Chapter 5.

사랑할수록, 더 세밀히
준비하게 된답니다.

사랑할수록, 더 세밀히 준비하게 됩니다!

♥ ♥ ♥ ♥ ♥ ♥

요즘 윤이의 이유식 메뉴는 크게 두 종류입니다. 하나는 밥스틱이고, 하나는 채소스틱입니다. 하루에 이유식을 두 번 먹고, 한 번에 90g 정도 먹기 때문에, 매일 저녁마다 다 먹은 스틱들을 계산해서 새로 만들어줘야 합니다. 처음에는 좀 헷갈리고 힘들었지만, 이제는 레시피와 필요한 용량도 다 외워서 아주 물 흐르듯 빠르게 만들 수 있습니다.

아내가 미리 만들어놓은 이유식 스케줄표를 보고, 냉장고를 확인해서 그날 만들어야 할 스틱들을 파악합니다. 채소스틱들은 당근, 애호박, 감자, 고구마 등을 간단하게 씻고 잘라서 삶으면 끝이고, 중요한 건 밥스틱입니다. 닭과 돼지고기를 쓰는 날은 200g, 소고기는 100g을 계량해서 물에 잠시 담가놓습니다. 쌀은 65g 넣고, 그날 사용할 잡곡을 15g 정도 채워서 총 80g을 맞춰서 준비합니다. 이외에 양파, 대파, 무, 토마토 등 서브 재료를 100g 정도 계량하고 준비된 재료들을 전부 다 베이비무브에 넣어서 조리합니다. 45분을 조리한 후에, 재료들을 전부 다 믹서기에 갈아서 도마 위에 펼쳐놓습니다. 8등분을 해서 식혀놓고, 위생장갑을 끼고서 모양을 잡아서 에어프라이어에 넣습니다. 170도로 15분을 돌려주면 밥스틱 완성입니다. 평균적으로 이틀에 한 번씩 스틱들을 만드는데, 만들면서 참 많은 생각을 하게 됩니다.

"너는 성막을 만들되 가늘게 꼰 베 실과 청색 자색 홍색 실로 그
룹을 정교하게 수 놓은 열 폭의 휘장을 만들지니 (중략) 막 곧 휘
장의 길이의 남은 것은 이쪽에 한 규빗, 저쪽에 한 규빗씩 성막
좌우 양쪽에 덮어 늘어뜨리고 붉은 물 들인 숫양의 가죽으로 막
의 덮개를 만들고 해달의 가죽으로 그 윗덮개를 만들지니라" (출
애굽기 26장 1-14절 중 일부)

출애굽기 26장에는 성막을 만드는 방식에 대해서 기록되어 있습니
다. 한 번 찾아서 읽어보시면 엄청나게 자세하고, 세밀한 영역까지 규정
되어 있음을 볼 수 있습니다. 어느 쪽은 무슨 색으로 할지, 어떤 가죽으로
마무리할지, 어떻게 연결할지 등등 좀 과하다 싶을 정도로 엄격하게 기록
되어 있습니다. 사실 구약의 이런 본문들은 딱히 읽으면서 은혜받기가 쉽
지 않습니다. 우리와는 상관없는 귀찮은 이야기들처럼 보이기도 합니다.
그런데 잘 생각해보니, 자세하게 만드는 것이 사랑이라는 사실을 깨닫게
되었습니다. 윤이를 위해서 밥스틱을 만들어 줄 때, 완전 초반에 좀 급해
서 레시피를 무시하고 대충 손에 잡히는 대로 재료들을 넣어서 만들었던
적이 있었습니다. 얼추 비슷한 양을 대충 비슷한 방식으로 조리했으니,
괜찮은 결과물이 나올 줄 알았습니다. 그러나 너무 물기가 많아서 도저히
모양이 잡히질 않는 이상한 음식이 만들어졌습니다. 자세하게 계량하고,
계산하고, 정해진 규칙대로 준비해야 좋은 결과물이 나옵니다.

출애굽기나 레위기 등의 구약 본문에서 나오는 다양한 성막, 제사, 성
전, 음식을 위한 규칙들도 이런 관점으로 보면, 아마도 하나님의 아주 세
밀한 사랑을 보여주는 본문이라고 해석할 수 있을 것 같습니다. 그 시대

의 상황에 맞게, 가장 최선의 방법으로 하나님을 예배하고 하나님의 사랑을 경험할 수 있는 방식들을 자세히 기록해주신 게 아닐까 싶습니다.

우리가 맺고 있는 여러 관계도 마찬가지라고 생각합니다. 사랑할수록, 더 자세하게 관찰하게 됩니다. 사랑할수록, 더 세밀한 부분을 신경 쓰게 됩니다. 저와 여러분 모두가 주변의 사랑하는 사람들에게 세밀한 관심을 보여주었으면 좋겠습니다.

윤아!

이제는 아빠가 이유식 전문가가 된 것 같아! 저녁에 윤이가 먹을 밥스틱이랑 채소스틱들을 만들 때마다, 윤이를 사랑하려면 더욱 자세하게 준비해야 한다는 사실을 배우게 된단다. 대충 하면 결과물이 항상 안 좋고, 더 자세히 집중할수록 윤이도 더 좋아하는 것 같아.

모든 관계가 이런 게 아닐까? 하나님께서도 우리를 정말 사랑하시기 때문에 두꺼운 성경책에 우리를 향한 사랑의 메시지들을 가득 담아두신 게 아닐까? 앞으로도 엄마 아빠는 더 자세하게 윤이를 관찰하고, 윤이를 위한 음식 등 다양한 것들을 준비할 거야. 그 사랑을 받으면서 쑥쑥 커서! 윤이도 누군가에게 아주 깊은 사랑을 전해 줄 수 있는 그런 아이가 되길 기도할게.

사랑해 윤아!

2022년 12월 13일
D+247, 8개월 3일

문제 해결이 아니라,
곁에 있어주는 것이 사랑입니다!

♥♥♥♥♥♥

   오늘은 도저히 글을 쓸 시간이 나오지 않는 하루였습니다. 윤이가 아프면서 갑자기 저와 아내를 향한 집착(?)이 강해진 것 같습니다. 어젯밤에도 심각할 정도로 잠을 안 자고 울어서 저와 아내가 번갈아가면서 최선을 다해서 토닥이고 달래 봤습니다. 그런데 품에 안겨서 잠이 들었다가, 침대에 혼자 두려고만 하면 바로 악을 쓰면서 울어댔습니다. 결국 새벽까지 윤이 침대에서 같이 누워서 계속 토닥여줘서 간신히 잠을 재웠습니다. 어젯밤에만 그러는 줄 알았는데, 오늘 낮잠 3번을 모두 다 비슷하게 저에게 매달려서 악을 쓰고 울었습니다. 하루 종일 너무 울고, 간신히 재워놔도 저와 몸이 떨어지는 순간 바로 깨서 우니까, 솔직히 저도 많이 지치고 힘들었습니다. 30분을 재우기 위해서 아이를 1시간씩 안고 있어야 했습니다. 그렇지만 한편으로는 오늘의 경험 덕분에 말씀 한 구절이 명확하게 해석할 수 있게 되었습니다.

   "어머니가 자식을 위로함 같이 내가 너희를 위로할 것인즉 너희가 예루살렘에서 위로를 받으리니" (이사야 66장 13절)

   이사야서의 마지막 장인 66장에는, 이스라엘의 회복과 구원에 대한 미래지향적인 희망의 메시지가 기록되어 있습니다. 사실 "어머니가 자식을 위로함 같이"라는 표현을 어머니가 아닌 제가 명확하게 이해하기가 쉽지 않았습니다. 그런데 어제오늘 윤이를 보니, 윤이가 간절히 원하는 위로는 따뜻한 마음으로 함께 있어주는 것이라는 사실을 알 수 있었습니다. 아내와 제가 윤이 옆에 붙어있다고 해서, 당장 문제가 해결되는 것은 아니었습니다. 여전히 콧물도 나고, 여전히 기침도 하고, 여전히 신경질나고, 문제는 변하지 않고 그대로 있었습니다. 그러나 윤이는 저에게 빨리 아프지 않게 해달라고 요청하지 않았습니다. 졸리니까 빨리 잘 수 있게 재워주고 나가라고 요청하지도 않았습니다. 그냥 컨디션이 나쁘고 힘든 순간에, 제가 같이 있어주길 원했던 것 같습니다. 그 모습을 보며 우리를 위로하시는 하나님의 손길도 이와 같다는 사실을 배웠습니다.

우리는 자꾸 문제의 해결을 바라면서, 하나님이 슬쩍 나타나셔서 문제만 해결해주고 사라지시길 바라며 살아갑니다. 적당히 하나님 없는 듯 살다가 필요한 순간에만 간절히 하나님을 부르고, 위기를 모면하면 다시 모른 척하며 살아갑니다. 그러나 하나님의 위로는 해결이 아니라 동행입니다. 쓰라린 마음을 부여잡고 아파하는 우리의 곁에 함께 계십니다.

가장 외로울 때, 가장 억울할 때, 아무도 날 알아주지 않는 것 같은 바로 그때, 어머니가 자식을 위로함 같이 위로하시는 하나님의 사랑이 있음을 기억하길 소원합니다.

윤아!

오늘은 정말 아빠도 참 힘든 하루였어. 아무리 윤이가 예뻐도, 사실 20~30분씩 엉엉 울고 짜증내고 그러니까 아빠도 감정적으로 엄청 신나거나 즐겁지는 않더라. 1시간 만에 드디어 잠들었다고 생각하고 나왔는데, 곧바로 들리는 울음소리에 정말 좌절하기도 했어. 그래도 한 편으로는, 그만큼 윤이가 엄마 아빠를 신뢰하고 사랑하는 거라는 생각이 들어. 어제 엄마에게 폭 안겨서 자던 모습이 기억나. (물론 엄마가 침대에서 나오려고 움직이자마자 또 울어서 아빠가 교대로 들어가서 다시 안아줬지만) 엄마 아빠 품에서 세상을 다 가진 것처럼 편안하게 자던 윤이처럼, 아빠도 하나님의 위로를 힘입어서 살아가고 싶어!

지금도 계속 짜증내고 소리 지르고 약간 오늘 윤이가 진상이긴 하지만, 그래도 사랑해!

어린아이가 평화로운 세상!

♥♥ ♥ ♥

어제가 저와 아내의 결혼기념일이라 인근의 작은 식당을 예약했습니다. 아이와 강아지도 같이 있을 수 있는 곳이었습니다. 다 함께 이동해서, 기념으로 사진도 찍고 맛있는 식사도 하고 즐거운 시간을 보냈습니다. 사진을 찍다 보니 강아지와 윤이가 상당히 가까운 거리에 있게 되었는데, 윤이가 갑자기 강아지를 만지기 시작했습니다. 윤이 입장에서는 쓰다듬거나 만지는 것이겠지만, 강아지의 입장에서는 아이에게 맞는 것처럼 느껴졌을 것 같았습니다. 그래도 다행히 강아지가 전혀 신경 쓰지 않고, 쿨하게 받아줘서 재밌게 사진 촬영을 마무리할 수 있었습니다. 그 모습을 보면서 이사야서의 말씀이 떠올랐습니다.

> "그 때에 이리가 어린 양과 함께 살며 표범이 어린 염소와 함께 누우며 송아지와 어린 사자와 살진 짐승이 함께 있어 어린 아이에게 끌리며" (이사야 11장 6절)

윤이가 강아지와 서로 공격하거나 무서워하지 않고 함께 지낼 수 있는 이유가 무엇일지 생각해봤습니다. 본문에서는 이리와 어린 양도 함께 살고, 사자와 짐승들이 어린아이에게 끌려다니는 그런 세상이 하나님 나라라고 말하고 있습니다. 어떻게 그게 가능할까요? 하나님 나라에서는 하나님의 풍성한 사랑 아래에서 모두가 풍족히 먹고 마시며 즐거워하기 때문이 아닐까요? 저희 집 강아지도 항상 사료 잘 먹이고 옆에서 저와 아내가 잘 돌봐주고 기분이 좋으니까, 윤이가 좀 건드려도 쿨하게 넘기는 것이라고 생각합니다. 만약에 야생에서 굶주린 강아지였다면, 아이를 공격했을지도 모릅니다. 그리스도인은 이 땅 위에 살면서, 동시에 하나님 나라를 살아가는 존재들입니다. 우리는 하나님께서 매일 풍성하게 내려주시는 은혜를 누리면서, 그 은혜로 인해서 너그럽게 서로 사랑해야 합니다. 우리를 통해서 세상이 풍족해지고, 감사가 넘쳐나게 되고, 결국 어린 아이들이 평화로운 그런 세상이 되었으면 좋겠습니다. 그게 하나님 나라의 꿈이 아닐까 싶습니다.

저와 여러분 모두 오늘 하루도 하나님의 사랑 안에서 평화를 누리고, 더 나아가서 그 평화로 세상을 사랑하길 소원합니다.

윤아!

어제 식당에서 엄마 아빠랑 강아지랑 좋은 추억을 쌓았던 게 너무 좋았어. 사진과 영상들을 통해서 행복한 추억들을 오래오래 기억하자. 앞으로도 하나님께서 계속 매일매일 부어주시는 사랑이 있을 거야. 그 사랑으로 풍성하게 감사할 수 있는 아빠가 되고 싶어. 그래야 그 사랑을 힘입어서 윤이를 더 사랑할 수 있겠지? 강아지도 아마 윤이한테 잘 맞춰줄 거야! 엄마 아빠가 강아지가 항상 배부르고 기분 좋을 수 있게 잘 키울 거라서!

오늘도 외부 일정이 있어서 윤이가 좀 피곤하겠지만,

엄마 아빠랑 일정을 잘 소화해보자! 사랑해!

하나님의 비밀을 맡은 자!

♥♥♥♥♥♥

집에서 아이를 돌보는 일은 사실 그다지 주목받을 수 있는 일이 아닙니다. 사적인 공간인 집에서, 다른 사람들과의 상호작용 없이 오직 아이와 양육자만 함께 시간을 보내고, 특별한 결과물을 만들어내지도 않습니다. 인간은 인정을 원하는 존재이고, 또 사회적 동물이어서 타인과의 관계를 중요하게 여기는 존재입니다. 그런데 아이와 집에만 있다 보면, 그런 인정과 관계의 부분이 채워지지 않는 경우가 많습니다. 저도 아내의 배려와, 장모님과 어머니의 도움으로 가끔씩 교육 등 모임에 참석하는 경우가 있는데, 그런 시간들이 없었다면 많이 우울하고 힘들었을 것 같습니다. 이와 관련해서 육아하며 우울감이 느껴져서 힘들어하는 이 땅의 모든 부모님들을 위해서 기도하게 됩니다. 저는 오늘 말씀을 묵상하다가, 제가 어떤 자세로 저 자신을 바라봐야 할지 배웠습니다.

"사람이 마땅히 우리를 그리스도의 일꾼이요 하나님의 비밀을 맡은 자로 여길지어다" (고린도전서 4장 1절)

"너희에게나 다른 사람에게나 판단 받는 것이 내게는 매우 작은 일이라 나도 나를 판단하지 아니하노니" (고린도전서 4장 3절)

오늘 본문은 "나"에 대한 타인의 평가가 아니라, "나"에 대한 "하나님"의 평가가 중요함을 말하고 있습니다. 세상 사람들은 바울을 미련하다고 생각했을 것입니다. 로마 시민권도 있고, 당대 종교적 엘리트 코스를 밟았는데도, 바보같이 예수를 따르고 전하는 이상한 일에 목숨을 바치고 있었기 때문입니다. 그러나 바울은 자기 자신을 "그리스도의 일꾼"과 "하나님의 비밀을 맡은 자"로 여겼습니다. 그리고 고린도 교회 성도들도 같은 마음을 품길 원했습니다. 저를 비롯한 아이를 키우는 모든 부모님들이 이 본문에서 힌트를 얻었으면 좋겠습니다. 사회적 시선으로 보면, 우리는 생산적인 활동을 하지 않는 사람으로 보일 수도 있습니다. 그러나 하나님의 시선으로 보면, 우리는 "하나님의 비밀을 맡은 자"입니다.

우리가 돌보고 있는 아이는 그냥 아이가 아닙니다.

한 영혼을 너무나 사랑하셔서 인간의 몸을 입고 이 땅에 오신, 그리고 십자가에 달려 죽으신, 그 예수 그리스도께서 죽기까지 사랑하신 한 생명입니다. 그러니 우리는 한 생명을 키워내고 있는 그리스도의 동역자이며, 동시에 하나님의 놀라운 구원의 비밀에 참여하고 있는 사람들입니다! 3절에서 바울은 다른 사람들에게 판단받는 것이 아주 작은 일이라고 말합니다.

우리는 세상과 사람의 판단이 아니라, 하나님의 판단만 받아들여야 합니다! 우리 자신을 그렇게 바라본다면, 아이와 함께 보내는 시간들이 조금 더 긍정적으로 해석되지 않을까요? 아이의 투정과 짜증을 견뎌내고, 동시에 너무나 귀엽고 사랑스러운 모습들을 지켜보는 이 시간이, 무가치한 시간이 아니라 세상에서 가장 소중한 시간으로 보이지 않을까요?

저와 여러분 모두, 각자의 삶이 품고 있는 고유의 소중함을 잊지 말고, 하나님의 비밀을 맡은 자답게 뿌듯함과 당당함을 품고 살아가게 되길 소원합니다.

윤아!

오늘 하루도 까불까불 재밌게 놀아줘서 너무 고마워! 윤이랑 함께 보내는 시간들을 사실 누가 알아주거나 그러지는 않더라. 윤이를 아주 열심히 돌봐도 누가 돈을 주거나, 인정해주고 기억해주거나 그렇지는 않은 게 사실이야. 하지만 아빠는 이 시간이 너무너무 소중하다고 생각해! 윤이가 살아가면서 어디서든 당당할 수 있도록, 아빠가 윤이에게 무제한의 사랑을 가득 심어주는 그런 기간이라고 생각해.

하나님의 비밀은 곧 사랑일 텐데, 그 사랑을 윤이랑 함께 나누는 하루하루가 얼마나 소중한지 모르겠어. 점점 입맛도 까다로워지고, 기어다니면서 사고도 치고, 붙잡고 일어나다가 넘어지기도 하고, 감당해야 할 일이 늘어나서 힘들 때도 있지만, 그만큼 엄마랑 아빠에게 방긋 웃어주고, 더 자세하게 사랑을 표현하는 윤이가 너무 예쁜단다.

앞으로도 아빠랑 같이 발을 맞춰가며, 하루하루 소중한 추억들을 쌓아가자. 사랑해!

2022년 12월 25일
D+259, 8개월 15일

아기의 몸으로 오신 예수님!

♥♥♥♥♥

　　예수께서 이 땅에 오심을 기념하는 성탄절, 저와 아내와 윤이는 그 은혜를 가득 누리며 행복한 하루를 보냈습니다. 오전에는 제 청년 시절의 모든 추억과 기억이 남아있는 교회에서 성탄예배를 드렸습니다. 윤이가 백일 때 성도님들과 첫인사를 나눴었는데, 오랜만에 방문하여 반가운 얼굴들을 마주하고 기쁨을 나눴습니다. 윤이를 포함한 4명의 아이들이 유아세례를 받았고, 저와 아내도 윤이를 그리스도의 사랑 안에서 믿음으로 키우겠다고 온 성도님들 앞에서 약속했습니다. 예배드린 후에, 모교로 이동했습니다. 연세대학교 본관 앞에 커다란 트리가 있는데, 저와 아내는 연애하던 시절부터 매년 한 해도 빠지지 않고 학교를 방문하여 이 트리 앞에서 사진을 찍었습니다. 매년 아내와 둘이서 찾던 트리를, 올해는 윤이와 함께 셋이서 방문하니 감회가 새로웠습니다. 이후에 아내의 친구분과 식사도 하고, 다양한 활동을 마치고 집으로 돌아왔습니다. 그 과정에서 예수님께서 "아기"의 모습으로 이 땅에 오셨다는 것이 정말 놀라운 의미라는 생각이 들었습니다.

　　"아들을 낳으리니 이름을 예수라 하라 이는 그가 자기 백성을 그들의 죄에서 구원할 자이심이라 하니라" (마태복음 1장 21절)

동물들 중에는, 태어나자마자 금방 걷거나 뛰는 동물들도 많습니다. 그런데 유독 인간은 스스로 생존할 수 있는 능력이 생길 때까지, 정말 오랜 시간이 걸립니다. 예수님께서 인간의 몸으로, 아기의 모습으로 이 땅에 오셨다는 말은 전능하신 하나님께서 철저하게 약자가 되셨다는 의미입니다. 추운 날씨에 윤이를 데리고 돌아다니면 신경 써야 할 것이 많습니다. 패딩도 입히고 유모차에 방풍커버도 씌워야 합니다. 아기 예수님은 어떠셨을까요? 추운 밤을 견뎌내는 것이 힘들지 않으셨을까요? 아마도 마리아와 요셉이 사랑으로 보살피지 않는다면 생존할 수 없는 그런 철저한 약자의 모습으로 사셨을 것입니다. 만약에 예수님께서 역사 속에 등장하실 때 완벽한 모습으로, 아기의 모습이 아닌 전능자의 모습으로 등장하셨다면 어땠을까요?

예수님의 능력과 힘은 더 강하게 표출되었을지 모르겠지만, 우리의 약함과 아픔을 다 아시고 보듬어주시는 사랑의 하나님이라는 사실은 잘 드러나지 않았을 것 같습니다. 부모의 사랑과 보살핌이 필요한 아기 시절을 철저하게 다 경험하셨던 예수님. 그 모습이 오히려 더 감동이 됩니다. 저는 오늘 세례문답을 하면서 다짐했던 것처럼, 윤이를 하나님을 사랑하는 아이로 키우기 위해 최선을 다 할 것입니다. 그 과정에서 제 부족함과 한계를 경험하는 일들이 많겠지만, 아기의 몸으로 이 땅에 오셔서 모든 한계를 다 경험하신 예수님을 의지하여 이겨내려 합니다.

이 글을 읽는 모든 분들의 마음속에, 아기의 몸으로 오신 예수 그리스도의 크신 사랑이 가득하길 소원합니다! 메리 크리스마스!

윤아!

예수님 생일을 윤이와 함께 마음껏 즐길 수 있어서 너무 행복한 하루였어! 아빠는 오늘 윤이가 춥지 않도록 보살피고, 또 식당에서 엉엉 우는 윤이를 달래주고, 밥 먹을 곳을 찾아서 열심히 이동하기도 하고, 그 과정을 겪으면서 아기 예수님이 떠올랐어. 예수님도 아기 시절에는 이렇게 약하셨고, 부모의 사랑으로 성장하셨을 것이고, 또 엄청 귀여우셨겠지? 그런 생각을 하다 보니, 뭔가 예수님과 더 가까워진 것 같아서 좋았어!

윤이도 점점 성장해 가면서, 하나님의 사랑을 가득 누릴 수 있는 아이가 되었으면 좋겠어! 엄마 아빠가 계속 모범을 보여줄게! 오늘 하루 너무 고생 많았어! 빨리 씻고 자자!

사랑해!

2022년 12월 31일
D+265, 8개월 21일

먼저 힘을 얻고, 그 힘으로 사랑합시다!

♥♥♥♥♥

　　오늘은 2022년의 마지막 날입니다. 한 해 동안 정말 많은 변화가 있었습니다. 전역하면서 민간인이 되었고, 윤이가 태어나면서 아빠가 되었습니다. 또 경제적인 관점으로 보면, 대위 월급을 받던 군인에서 경제활동을 하지 않는 전업주부가 되었습니다. 목회하던 목사에서, 다시 공부하는 학생이 되었습니다.

　　그중에서도 가장 큰 변화의 중심은 역시나 윤이였습니다. 윤이를 돌보기 위해서 다양한 것들을 포기하기도 했고, 또 윤이를 돌보기 위해서 매일 모든 시간과 에너지를 쏟아내고 있습니다. 동시에 윤이를 통해서 이전에는 그 어디에서도 느낄 수 없었던 최고의 행복을 경험하고 있습니다. 오늘은 아내와 함께 윤이와 백령이를 데리고 애견카페에 다녀왔습니다. 한 해를 마무리하며 강아지도 신나게 뛰고, 윤이도 커다란 강아지들을 구경하며 재밌게 놀았습니다. 석양이 아름다운 풍경 속에서 신나게 달리는 강아지, 제 품 속에서 방긋 웃는 윤이, 함께 그 장면을 지켜보는 아내와 함께 올 한 해를 돌아봤습니다. 많은 수고가 있었으나, 그 수고가 전혀 헛되지 않았던 2022년이었습니다.

　　"우리가 그를 전파하여 각 사람을 권하고 모든 지혜로 각 사람을

사랑할수록, 더 세밀히 준비하게 된답니다.　161

가르침은 각 사람을 그리스도 안에서 완전한 자로 세우려 함이
니 이를 위하여 나도 내 속에서 능력으로 역사하시는 이의 역사
를 따라 힘을 다하여 수고하노라" (골로새서 1장 28-29절)

골로새서의 저자는 최선을 다해서 수고하고 있습니다. 그렇게 수고
하는 이유는 다음과 같습니다. "각 사람을 그리스도 안에서 완전한 자로
세우려 함."

우리 그리스도인들은 우리 안에서 능력으로 역사하시는 하나님으로
부터 힘을 공급받고, 그 공급받은 힘으로 다른 사람을 완전한 자로 세워
가라는 사명을 받았습니다. 이 두 가지를 언제나 놓쳐서는 안 됩니다. 첫
째는, 하나님으로부터 힘을 공급받는 것이고 둘째는, 그 힘으로 타인을
섬기는 것입니다. 하나님으로부터 힘을 공급받지 않고, 은혜와 감격으로
기쁨이 넘치는 삶을 살지 않고, 그저 교회 봉사만 하고 섬기기만 하는 것
은 옳지 않습니다. 반드시 구원의 감격이 우선해야 합니다. 만약 우리가
하나님의 능력으로 힘을 공급받고 있지 못하다는 생각이 든다면, 당장 봉
사와 일을 멈춰야 합니다. 반대로, 하나님으로부터 충분한 사랑을 경험하
고 기쁨이 충만하다면, 그 사랑을 자기 자신만 잔뜩 누리는 게 아니라 반
드시 흘려보내야 합니다. 이 두 가지가 모두 충족되어야, 우리는 하루하
루 최선을 다해서 수고하면서 동시에 보람과 기쁨이 가득한 삶을 살 수
있습니다. 여러분의 2022년은 어떠셨나요? 새로운 2023년에는 하나님
으로부터 힘을 공급받고, 그 힘으로 이웃을 사랑하는 저와 여러분이 되길
소원합니다.

모두들 새해 복 많이 받으시길 바랍니다!

윤아!

아빠는 2022년을 영원히 잊지 못할 거야. 윤이를 위해서 수고하면서, 하나님으로부터 그 수고할 힘을 얻는 연습도 하고, 또 수고하며 기쁨을 누리는 법도 배운 것 같아. 이제는 윤이가 없던 시절과는 아빠의 삶과 행동도 완전히 달라진 것 같아. 더 성숙한 사람으로, 윤이에게 부끄럽지 않은 아빠로 살아갈 수 있도록 계속 노력할게! 이제 2023년에는 윤이가 어린이집도 가야 할 거고, 아빠도 새롭게 대학원도 다니게 될 거고, 많은 변화가 있을 예정이야.

그러나 핵심은 그대로일 거야. 아빠가 먼저 하나님으로부터 힘을 얻고, 그 힘으로 윤이를 풍성하게 사랑해 줄게. 또 엄마 아빠가 서로 사랑하며 건강하게 성숙해가는 모습도 보여줄게. 아빠는 윤이라 함께해서 너무나 행복하단다.

사랑해 윤아!

돕는 손길들이 있습니다!

♥♥♥♥♥♥

오늘은 제가 외부 일정이 있어서, 윤이를 제 동생에게 맡겼습니다. 혹시나 새로운 공간에 적응을 못할까 봐 아침에 윤이와 함께 동생(윤이에게는 고모)의 집으로 일찍 출발했습니다. 윤이는 고모의 집이 신기했는지 한참을 멍하게 방을 구경했습니다. 소파도 보고, 미끄럼틀도 보고, 고모도 보고, 잠시 탐색을 하더니 금방 기분이 좋아졌는지 방긋 웃기 시작했습니다. 윤이가 낯설어하고 어색해할까 봐 조금 걱정했었는데, 이렇게 노는 모습을 보니 마음이 확 가벼워졌습니다. 제가 향후 진로를 위해서 가끔씩 이렇게 외부에 공부하러 나가야 하는 일이 생기는데, 돕는 손길들이 없었다면 저는 목표를 위해 공부할 수 없었을 것입니다. 장모님께서 자주 윤이를 봐주시고, 또 가끔은 이렇게 가족들이 도와주시기 때문에 저와 윤이가 모두 잘 성장할 수 있는 것 같습니다.

"여호와께서 내 편이 되사 나를 돕는 자들 중에 계시니" (시편 118편 7절 중 일부)

우리의 삶에는 우리를 돕는 사람들이 필요합니다. 그 누구도 완전히 혼자서 살아갈 수 없습니다. 서로 도움을 주고받고, 서로 돕는 자가 되어 주어야 합니다. 그리고 오늘 시편기자는 "여호와께서 내 편이 되사 나를 돕는 자들 중에 계시니"라고 고백합니다. 윤이의 주변에도 많은 '돕는 사람'이 있습니다. 저를 포함해서 윤이를 사랑해주는 많은 가족들이 열심히 돕고 있습니다. 그리고 하나님도 돕는 자가 되어주십니다. 이 사실이 참 감격스러운 것 같습니다. 저와 여러분도 여러 돕는 손길들의 도움을 받아서 살아가지만, 또 어느 순간에는 아무런 도움을 받지 못하는 것 같은 낙심의 순간도 있기 마련입니다.

그러나 그럴 때도, 하나님은 우리의 돕는 손길이 되어주십니다. 그 사실을 기억하며, 위기의 순간에도 힘을 얻길 소원합니다. 감사의 삶을 살아가길 소원합니다.

윤아!

오늘은 아빠의 사랑뿐만 아니라, 가족들의 사랑을 잔뜩 받는 하루가 되 겠구나! 그러고 나서 저녁에는 엄마랑 아빠랑 또 같이 데리러 갈 테니까, 행복한 하루를 보내보자! 아빠는 이렇게 외부 일정이 있을 때 마다, 돕는 손길들이 있다는 사실이 너무 감사한 것 같아. 다음 주에는 윤 이 외할머니가 또 윤이 도와주러 오실 거고! 앞으로 아빠도 누군가에게 도 움을 주고, 또 다른 사람들에게 우리를 도우시는 하나님이 늘 함께 계신다 는 사실을 알려주는 그런 사람이 되어야겠어!

윤이가 아빠에게 그 사실을 자꾸 상기시켜줘서 너무 고마워.

이따가 저녁에 고모네 집에서 보자! 사랑해!

받은 은혜를 생각하고,
넓은 마음으로 사랑해 줍시다!

퍼즐을 맞추는 게임 같은 것을 하다 보면, 한쪽을 맞추면 반대편이 어긋나고, 다시 반대편을 맞추면 또 다른 쪽에 문제가 생기는 그런 경우를 종종 보게 됩니다. 육아도 마찬가지인 것 같습니다. 요즘 이유식을 너무 안 먹어서, 배가 안 고파서 그런가 싶어서 조금씩 식사 시간을 뒤로 늦췄습니다. 그랬더니 이제 밥은 어느 정도 잘 먹는데, 잠자는 패턴이 깨졌습니다. 원래 이유식을 먹고서 적당히 시간이 흐르고 난 후에 자는 스케줄이었는데, 이유식 시간이 뒤로 밀리니까 자연스럽게 잠자는 시간도 밀린 것 같습니다. 오늘은 제 나름대로 적당히 시간을 조절해서 평소보다 늦게 재우려고 노력했는데도, 계속 안 잔다고 소리를 지르고 난리를 쳐서 결국 못 재우고 데리고 놀고 있습니다. 윤이는 잠자는 방에서 40분 정도를 엉엉 울면서 비명을 지르더니, 결국 포기하고 거실로 데리고 나오니까 신나게 놀고 있습니다. 제 마음도 모르고 신나게 노는 걸 보면서, 뭔가 앞으로 아이를 키우면서 이런 감정을 계속 느끼게 될 것 같다는 느낌이 들었습니다. 저는 윤이의 건강한 생활 패턴을 위해서 재우려고 하는 건데, 윤이는 그걸 몰라주고 짜증을 내는 것처럼, 앞으로도 윤이가 제 기대와 생각과는 다른 행동을 할 때가 많을 것입니다.

제가 더 명확한 기준을 가져야 할 것 같습니다. 무엇이 본질적인 것이고, 무엇이 덜 중요한 것인지 제가 먼저 알아야 할 것 같습니다. 그러고 나서 안 되는 것은 안 된다고 알려주고, 동시에 좀 말 안 듣고 말썽을 부려도 크게 중요한 일이 아니라면 웃으면서 잘 받아주는 그런 아빠가 되고 싶습니다.

"여호와가 이르노라 너희가 완악한 말로 나를 대적하고도 이르기를 우리가 무슨 말로 주를 대적하였나이까 하는도다" (말라기 3장 13절)

사실 말 안 듣는 윤이에게 뭐라고 하기에는, 제가 하나님 말씀을 너무 안 듣고 제 마음대로 살아왔던 것 같습니다. 본문을 보면, 하나님께서 "너희가 나를 대적하였다"라고 말씀하시자, 이스라엘 백성들은 적반하장으로 말대꾸를 합니다. "우리가 무슨 말로 주를 대적하였나이까?" 제 삶도 비슷했던 것 같습니다. 하나님의 뜻을 따라 살지 않으면서, 동시에 하나님께 변명만 늘어놓으며 살아왔던 것 같습니다. 이런 저에게도 구원의 길을 열어주시고, 사랑으로 품어주시는 하나님의 은혜가 놀랍습니다. 우리 그리스도인들은 그 큰 은혜로 인하여 생명을 얻은 존재들입니다. 제가 먼저 하나님을 거역했음에도 용서받는 은혜를 받았다는 사실을 기억하면서 윤이를 키워야 한다고 생각합니다. 언제나 받은 은혜를 기억하며 살아간다면, 더 넓은 마음가짐으로 윤이를 돌볼 수 있을 것입니다.

저와 여러분 모두 각자의 삶의 자리에서 받은 사랑을 먼저 생각하고, 그다음에 눈앞의 대상을 품어줄 수 있게 되길 주님의 이름으로 소원합니다.

윤아!

잠과 밥 관련해서는 정말 쉬운 게 없는 것 같아. 그렇지만, 지금까지 윤이를 아무 때나 졸리면 재우고 아니면 안 재우는 방식으로 키우지 않고 좀 고생하더라도 규칙적으로 키운 게 잘한 일이라고 생각해. 그냥 거실에서 놀다가 쓰러질 때까지 안 재우고 내버려 두면, 아마 윤이는 밤에 제대로 잠을 못 잤을 거야. 윤이가 밥을 잘 안 먹는다고 그냥 안 먹이고 분유만 잔뜩 줬으면, 아마 각종 발달에 안 좋은 영향이 있었을 거야. 지금 또 잠 패턴이 틀어져서 고생하는 것도, 아마 과도기일 거야! 엄마랑 아빠가 다시 한번 잘 준비해서, 윤이가 편안하게 울지 않고 하루 일과를 보낼 수 있도록 다시 맞춰줄게!

그 과정에서 분명히 오늘처럼 아빠 말 안 듣고 짜증내는 일이 많이 있겠지? 하지만 아빠도 하나님 말씀을 안 듣고 맘대로 살아온 경험이 있으니, 윤이를 너무 다그치진 않을게. 최대한 부드럽게 이해해 줄게. 앞으로도 같이 서로 조금씩 맞춰가면서 성장해 나가자!

사랑해 윤아!

알아주시는 은혜!

♥♥♥♥♥♥

어제 들었던 육아 Q&A 강의에서 새로운 정보를 배웠습니다. 원래 윤이 정도의 개월수에 처음으로 원근감을 느끼게 되면서 아이들이 혼란스러워하고 평소와 다른 행동을 한다고 합니다. 이전까지는 뭐가 멀리 있고, 뭐가 가까이 있는지를 잘 몰랐는데 이제 그런 것들이 구별이 되면서 세상이 입체적으로 보인다는 것입니다. 그래서 그런지 윤이는 요즘 계속 숟가락을 집어던지고, 물건들을 떨어트리면서 신기해하고 재밌어합니다. 세상이 이전과 다르게 더 다양하고 복잡하고 신기하게 보여서 그런지, 평소보다 더욱 저에게 달라붙어 있기도 합니다. 세상이 좀 혼란스럽나 봅니다. 잠깐 장난감 가지고 혼자 노나 싶으면, 금방 또 기어 와서 제 품에 안겨있으려고 합니다. 평소에는 잠자는 방에서 혼자 잘 잤는데, 요즘은 제가 같이 누워서 안아주지 않으면 아예 못 자고 있습니다.

사실 윤이의 이런 변화들로 인해서 최근에 제가 많이 힘들었습니다. 하지만 이런 어려움이 이상한 게 아니고, 제가 특별히 윤이를 잘 못 돌봐서 생기는 문제가 아니고, 원래 이 시기에 다른 아이들도 다 비슷하다고 하니 위로가 되는 것 같습니다. 특히나 아내가 이 부분을 같이 배우고 긍정해 주고 제가 겪는 답답함을 잘 알아주니 너무 큰 힘이 됩니다. 말 안 듣고, 짜증 내고, 밥 안 먹고, 잘 안 자는 윤이의 행동들은 모두 똑같은데,

누군가 저를 알아준다는 사실 그 자체가 제가 더 힘을 낼 수 있도록 도와주는 것 같습니다.

> "여호와여 주께서 나를 살펴 보셨으므로 나를 아시나이다 주께서 내가 앉고 일어섬을 아시고 멀리서도 나의 생각을 밝히 아시오며 나의 모든 길과 내가 눕는 것을 살펴 보셨으므로 나의 모든 행위를 익히 아시오니 여호와여 내 혀의 말을 알지 못하시는 것이 하나도 없으시니이다 " (시편 139편 1-4절)

시편기자는 "주께서 나를 살펴 보셨으므로 나를 아시나이다"라고 고백합니다. 앉고 일어서고, 걷고 눕고, 말하고 행동하는 그 모든 것을 하나님이 알아주신다고 고백합니다. 하나님이 우리를 알아주신다는 것은 엄청난 은혜입니다. 우리가 한 회사의 말단 직원이라고 상상해 보겠습니다. 주어진 일을 성실히 하고 있는데, 사장님이 그걸 알아준다면 기분이 어떨까요? 알아준다는 사실 자체가 기쁘지 않을까요? 따로 큰 보상을 내려준다거나 하지 않더라도, 나의 고충과 수고와 노력을 누군가가 알아준다는 것 자체가 우리에게는 큰 위로가 됩니다. 그런데 하물며 천지를 지으신 하나님께서 알아주신다니! 놀라운 기쁨이 아닐 수 없습니다. 저도 윤이를 키우며 겪는 어려움들도 있지만, 하나님께서 알아주시고 아내도 알아주기 때문에 넉넉히 기쁨으로 이겨낼 수 있다고 생각합니다.

그리스도인들은 세상 모든 사람들이 알아주지 않더라도, 하나님이 우리를 알아주신다는 믿음으로 살아가는 사람들입니다. 현실은 여전히 위기와 어려움이 가득하지만, 하나님이 알아주시기 때문에 힘을 내서 담

대하게 나아가고, 또 그 담대함으로 인해서 문제가 해결되는 기쁨도 맛보며 살아갈 수 있습니다. 저와 여러분 모두, 우리를 알아주시는 하나님을 의지하며 새 힘을 얻길 소원합니다. 어려움 속에서도 기쁨을 동시에 주시는 은혜를 경험하길 소원합니다.

윤아!

아마도 윤이가 바라보는 세상이 예전에는 2D였는데, 요즘은 막 복잡하고 혼란스럽게 보이는 거겠지? 아빠도 갑자기 세상이 더 입체적으로 보이는 안경을 쓰면, 불안하고 답답해서 무서워질 것 같아. 윤이가 그렇게 불안하고 힘들어서 더 짜증내는 거라고 생각하니까, 아빠도 더 마음이 넓어지는 것 같아.

근데 아무리 좋게 생각하고 이해해주려고 해도, 이래저래 아빠의 몸과 마음이 힘든 일이 생기긴 하더라. 하지만 그마저도 엄마가 알아주고, 육아 전문가 선생님이 알아주고, 하나님이 알아주신다고 생각하니까 이겨낼 수 있을 것 같아! 윤이랑 아빠랑 이 시기를 잘 이겨내면, 우리 둘 다 많이 성장할 수 있을 테니까 같이 힘내보자.

더 많이 안아주고, 더 많이 참아줄게! 사랑해!

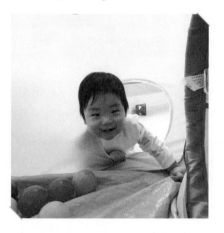

사랑하면, 보기만 해도 행복합니다!

♥♥♥♥♥♥

　이번 주말에 윤이는 평소보다 훨씬 많은 사람들을 만났습니다. 어제는 제가 교육을 받으러 나가서, 윤이는 오전과 오후에 외할머니와 함께 시간을 보냈습니다. 그리고 저녁에는 안성에서 만난 윤이의 쌍둥이 친구들의 돌잔치에 다녀왔습니다. 돌잔치의 주인공들뿐만 아니라 여러 선생님들과 인사도 하고, 저와 아내가 음식을 가져오는 동안에는 선생님들 품에 안겨서 돌잔치를 구경했습니다.

　오늘은 오전에는 교회에서 예배드리고, 오후에는 아내의 친구분 결혼식에 참석했습니다. 결혼식장에서 많은 사람들을 만나고, 축가도 듣고, 엄마 품에 안겨서 사진도 찍고, 열심히 사회생활을 했습니다. 윤이가 새로운 사람들을 만나는 것을 워낙 좋아해서, 차 타는 시간 빼고는 계속 행복해 보였습니다. 그런데 사람이 많은 돌잔치와 결혼식을 참석하면서 신기한 경험을 했습니다. 가끔씩 제가 뷔페 음식을 떠 오거나, 커피를 사 오는 등의 이유로 나갔다가 돌아올 때가 몇 번 있었습니다. 그렇게 윤이를 두고 떠났다가 다시 돌아올 때, 신기하게도 멀리서부터 윤이가 눈에 확 들어왔습니다. 물론 윤이가 어디 있는지 제가 뻔히 알고 있기도 했지만, 복잡하고 시끄럽고 어수선한 상황에서도 윤이가 마치 반짝이는 보석처럼 보였습니다. 멀리서부터 미소를 지으면서 가까이 다가가면, 윤이도 저를 발견하고 방긋 웃어줬습니다. 정말 행복한 감정이 마음을 가득 채우는 경험이었습니다.

멀리서도 윤이가 반짝이는 듯 보이고, 윤이와 서로 눈을 마주치고 웃으며 기뻐하는 경험을 하면서, 마가복음의 말씀이 떠올랐습니다. 하나님께서 예수님을 바라보시는 시선이 제가 윤이를 보는 시선과 같지 않았을까요? "너는 내 사랑하는 아들이라 내가 너를 기뻐하노라." 하나님의 미소를 상상하며, 저도 마음이 따뜻해졌습니다. 그러면서 동시에, 그 아들 예수께서 겪으신 십자가 사건을 생각하니 마음이 무거워졌습니다. 아들 예수를 향한 하나님의 사랑이 엄청나다는 사실을 느낄수록, 그 아들 예수를 통해 우리를 구원하신 일이 얼마나 무거운 사랑인지 깨닫게 됩니다. 저와 여러분은 하나님의 특별한 사랑을 받고 있는 소중한 존재들입니다. 제가 윤이를 멀리서도 알아보고, 윤이를 보며 기뻐하듯, 하나님께서도 우리를 그렇게 흐뭇하게 지켜보실 것입니다. 우리는 그 사랑을 받고 있는 사람답게, 십자가의 무게에 감격하는 그리스도인답게 살아가야 합니다.

하나님의 마음으로 자기 자신을 바라보고, 세상을 바라보는 저와 여러분이 되길 소원합니다.

윤아!

어제오늘 사람 많은 곳을 돌아다니면서 보니까, 아빠 눈에는 윤이가 반짝반짝 빛나더라! 계속 윤이를 안고 다니고, 운전도 하고, 이유식도 먹이고, 이런저런 고된 일도 있었지만, 그래도 윤이와 함께 재밌는 추억들을 쌓아갈 수 있어서 너무 행복한 주말이었어. 만약에 아빠만 윤이를 보며 행복하고, 윤이는 아빠를 봤을 때 좀 시큰둥한 표정이었다면, 조금 서운했을지도 몰라. 하지만 윤이도 아빠를 발견하면 두 팔을 벌려서 안아 달라고 방긋 웃으니까, 그게 정말 행복했었어. 그리고 아빠가 하나님을 사랑하고, 하나님께 더 가까이 나아가면, 하나님께서도 같은 마음을 느끼시지 않을까?

그렇게 생각하니까 참 마음이 뭉클한 것 같아. 아빠는 참 부족한 사람인데, 하나님은 사랑의 눈으로 봐주신다는 사실이! 앞으로도 아빠랑 같이 다양한 경험을 쌓아가고, 사랑을 배워가고, 행복을 나누자!

사랑해!

Chapter 6

서로 협력하는 것이 사랑이죠.

2023년 1월 21일
D+286, 9개월 11일

서로 협력하는 것이 사랑입니다!

♥♥♥♥♥♥

　　명절의 첫 날인 오늘은 어디 멀리 가지 않고 최대한 휴식을 취하려고 했습니다. 집과 집 근처의 가까운 카페 정도만 다니면서 쉬려고 했는데, 막상 돌아다녀보니 윤이를 데리고 움직이는 것 자체가 엄청난 에너지를 소모하는 일이었습니다. 12시 즈음, 강아지를 데리고 애견 운동장에 다녀왔습니다. 강아지는 신나게 전력질주를 하며 뛰어다니고, 그 모습을 보며 윤이는 깔깔 웃었습니다. 아내는 강아지와 놀아주기 위해서 열심히 움직여야 했고, 저도 윤이를 안고서 그 뒤를 따라다녔습니다. 신나긴 했지만, 몸이 좀 힘들어서 휴식을 취한 것 같지는 않았습니다.

　　또 오후에는 강아지는 집에 두고, 근처에 예쁜 한옥 카페에 다녀왔습니다. 커피도 맛있고, 건물도 예뻐서 좋았지만, 윤이를 계속 안고 있어야 해서 쉽지는 않았습니다. 아내와 제가 번갈아가면서 윤이를 돌보고, 그동안 다른 한 사람은 잠시나마 편히 쉬었습니다. 윤이를 계속 서로 넘겨주고, 다시 받아주고, 사진도 많이 찍고, 대화하며 행복한 시간을 보낼 수 있었습니다.

　　"그리스도를 이렇게 섬기는 사람은 하나님을 기쁘시게 하고 사람에게도 인정을 받습니다. 그러므로 화평을 이루고 서로 세워

사도바울은 그리스도를 섬기는 사람은 하나님을 기쁘시게 하고, 또 사람에게도 인정을 받는다고 말합니다. 우리가 스스로를 그리스도를 믿고 섬기고 따르는 '그리스도인'이라고 말하면서도, 만약에 사람에게 인정받지 못한다면 우리의 믿음에 문제가 있는 것은 아닌지 점검해봐야 합니다. 그렇다고 사람에게 인정받으려고 아등바등해야 한다는 의미는 아닙니다. 우리는 화평을 이루고, 서로 세워 주는 일에 힘써야 합니다. 자연스럽게 사랑을 흘려보내고, 협력하며 기쁨을 누리는 삶을 살아야 합니다.

사실 저도 어제 약속이 있었고, 아내도 한 주 내내 일하며 피곤했던 상황이었습니다. 서로 자신의 피곤함을 말하며, 더 쉬고 싶다고 주장할 수도 있었습니다. 그러나 카페에서 자연스럽게 서로 바통을 넘겨주며, 협력해서 윤이를 돌봤던 것이 너무 뿌듯하고 자랑스러웠습니다. 게다가 윤이도 그에 협조하듯, 딱히 짜증 내지 않고 저와 아내 사이를 넘나들며 신나게 놀아줬습니다. 앞으로도 저는 아내와 협력하고, 화평을 이루고, 서로 세워 주는 일을 쉬지 않고자 합니다. 그리고 그 협력의 사역에 윤이도 천천히 동참시키고 싶습니다. 더 나아가 가족과 교회와 이웃을 향해서도 넓혀가고 싶습니다.

저와 여러분 모두, 이번 명절에 만나는 모든 사람들과 더불어 화평을 이루는 사람이 되길 소원합니다. 서로 평가하고 판단하기보다는, 서로 자신의 입장을 주장하기보다는, 서로 세워주는 성숙한 그리스도인이 되길 소원합니다.

윤아!

오늘 집에서 푹 쉬는 게 아니라, 여기저기 돌아다녀서 윤이도 좀 힘들었을 것 같아! 그래도 엄마 아빠 생각에는, 맨날 집에만 있는 것보다는 이렇게 시간이 있을 때 바람도 좀 쐬고, 예쁜 풍경도 보고, 맛있는 것도 먹으며 시간을 보내는 게 좋은 것 같아. 사실 윤이가 엄청 짜증 낼 수도 있는 날이었는데, 차에서 이동하는 동안에도, 식사하는 동안에도, 카페에서도 너무나 잘 협조해 줘서 고마워. 자야 할 때는 잘 자고, 놀아야 할 때는 잘 놀아준 윤이 덕분에, 훨씬 풍성한 하루를 보낸 것 같아!

엄마 아빠도 둘 다 좀 피곤했지만, 그래도 윤이와 함께 추억을 쌓는 것이 즐거웠어. 서로 협조해 주고, 세워주고, 평화롭게 대화했던 모든 시간들이 참 좋았어. 앞으로도 엄마 아빠가 이렇게 화평을 이루는 모습을 보여줄 테니까, 윤이도 함께 힘을 합쳐서 행복한 가정을 이루어가자! 사랑해 윤아!

2023년 1월 22일
D+287, 9개월 12일

시끄러워도 용납해 주는 사랑!

♥♥♥ ♥

오늘도 저와 아내는 교회에 가기 위해 부지런히 준비하여 일찍 집을 나섰습니다. 설 당일이어서, 아무래도 평소보다 길이 막힐 것 같았기 때문입니다. 다행히 서울 쪽으로 올라가는 경부고속도로 상행선은 생각보다 많이 막히지 않았습니다. 평소보다 대략 20분 정도 더 걸려서 주차장에 도착할 수 있었습니다. 윤이는 차에서 푹 자서 그런지, 에너지가 넘쳐서 교회에 도착해서는 자모실을 휘젓고 다녔습니다. 예배 중간에 빽 소리도 지르고, 장난감들을 붙잡고 흔들고 던지며 놀았습니다. 정말 단 한순간도 가만히 있지 않고, 일어났다가 앉았다가 기다가 매달리는 등 역동적으로 놀았습니다. 자모실에 다른 아이들도 몇 명 있었는데 윤이만 너무 시끄럽게 떠들어서 약간 민망했지만, 그 누구도 핀잔을 주지 않았습니다.

"사람들이 예수께서 만져 주심을 바라고 자기 어린 아기를 데리고 오매 제자들이 보고 꾸짖거늘" (누가복음 18장 15절)

본문을 보면 어린아이들을 대하는 예수님과 제자들의 태도가 확연히 다르다는 것을 알 수 있습니다. 제자들은 아이들을 꾸짖었습니다. 여기는 어른들의 자리, 중요한 자리, 엄숙한 자리이고, 애들이 낄 자리가 없다는 평가와 판단이 제자들의 머릿속에 가득했던 모양입니다. 그러나 예수님께서는 정반대로 보셨습니다. 어린아이들을 막지 말라고 말씀하셨고, 하나님 나라가 그들의 것이라고 말씀하셨습니다. 마침 오늘 설교 중에 목사님께서도, "우리 교회가 모든 사람을 용납해 주는 교회가 되었으면 좋겠다"라고 말씀하셨습니다.

사실 설교가 매우 중요한 개신교 예배에서, 설교 시간에 떠드는 것은 누군가에겐 엄청나게 불편할 수 있는 일입니다. 그러나 설교 시간에 떠드는 아이를 배척하고 혼내고 막는다면, 분명히 부정적인 결과가 나타날 것입니다. 아이들은 교회를 혼나는 곳, 무서운 곳이라고 느낄 것입니다. 하나님의 사랑 안에서 용납받는 곳이 아니라, 어른들에게 사회적 규칙을 배우는 딱딱한 곳이라고 생각하게 될 것입니다. 또한 우리들도 자꾸만 뭔가를 못하게 하고 금지하고 비판하고 평가하다 보면, 교만의 자리에 서게 될 것입니다. 오직 하나님만이 심판자이신데, 우리가 그 심판자의 자리를 훔치는 죄악을 범하게 될 것입니다.

저는 윤이가 교회에서 사랑받고 용납받은 것을 기억하며, 누군가를 사랑하고 용납해 주는 그런 그리스도인으로 살아가고자 합니다. 마찬가지로 어린아이들을 비롯한 모든 이들을 용납해 주는 저와 여러분이 되길 소원합니다. 그리고 우리가 각자 출석하고 섬기는 모든 교회들이 평가와 비판이 아니라 사랑으로 가득한 교회가 되길 소원합니다.

윤아!

오늘 정말 자모실에서 너만 떠들더라! 소리 지르고 뚝딱거리고 아주 난리였는데, 다들 이해해 주고 오히려 웃어주시고 같이 놀아주셔서 참 좋았던 것 같아. 아빠도 윤이를 키우기 전에는, 항상 예배당에서 조용하게 예배와 설교에 최대한 집중하는 것이 가장 중요하다고 생각했던 적이 있었던 것 같아. 하지만 윤이를 보니, 교회에서 일단 사랑받는 게 제일 중요한 것 같아. 그게 말을 통한 칭찬과 인정일 수도 있고, 혹은 밝게 웃어주는 미소를 통해 느껴지는 감정일 수도 있고, 뭐가 됐든 교회에서는 용납받고 사랑받는다는 느낌이 가득해야 할 것 같아.

윤이가 더 성장한 후에도, 스스로 선택하고 판단할 수 있는 나이에도 믿음의 길을 선택할 수 있도록! 엄마 아빠가 최선을 다해서 사랑해 줄게. 오늘도 먼 거리를 이동하고, 명절이어서 차도 막혀서 더 오랜 시간 카시트에 묶여있느라 너무 고생했어! 푹 쉬고 내일도 또 재밌게 이동하자! 사랑해!

Chapter 7

아이들을 위한
천사가 되어줍시다!

2023년 1월 24일
D+289, 9개월 14일

아이들을 위한 천사가 되어줍시다!

♥♥♥♥♥♥

오늘도 어김없이 약속이 있어서, 윤이는 수원까지 이동해야 했습니다.

평소에는 차로 이동했지만, 명절의 마지막날이다 보니 차가 많이 막힐 것 같아서 고민 끝에 기차표를 예매했습니다. 덕분에 윤이는 인생 첫 기차를 타게 되었습니다. 아침에 택시를 타고 기차역으로 이동하고, 기차역에서 서점도 구경하다가 드디어 기차를 탔습니다. 붙어있는 표를 구하지 못해서 아내가 윤이를 안고 타고 저는 조금 멀리 떨어진 자리에서 대기하고 있었는데, 너무나 감사하게도 제 옆자리 승객께서 자리를 바꿔주셨습니다. 제가 들고 있는 아기 가방을 보고서, 아이와 떨어져 앉아있다는 것을 눈치채셨던 것 같습니다. 고마운 배려 덕분에, 편안하게 이동할 수 있었습니다. 또한 약속장소에서 식사를 하고, 카페를 갔었는데 카페에서도 여러 손님들이 윤이에게 따뜻한 미소를 보여주셨습니다. 노래를 불러주면서 놀아주려고 하는 할머니도 계셨고, 아이컨택을 하며 웃어주는 분들도 계셨었습니다.

다시 기차를 타고 집으로 돌아오면서, "아이 한 명을 키우기 위해서 마을 하나가 필요하다"는 말이 떠올랐습니다. 점점 세상이 각박해지고, 배려와 이해보다는 증오와 비판이 더 많아지고 있는 것 같습니다. 그러나 아직 어린아이들의 시끄러움을 너그럽게 이해해 주는 어른들이 있기 때문에, 윤이와 같은 아이들이 건강하게 자랄 수 있는 것 같습니다. 우리 사회가 앞으로도 더 따뜻한 사랑으로 다음 세대들을 보살펴주는 사회가 되었으면 좋겠습니다. 또 교회가 그런 문화를 만들어가는데 앞장섰으면 좋겠습니다.

"그가 너를 위하여 그의 천사들을 명령하사 네 모든 길에서 너를 지키게 하심이라" (시편 91편 11절)

시편기자는 전능하신 하나님께서 우리를 품으시고, 보호하시고, 지키신다는 고백을 노래하고 있습니다. 11절에서는 심지어 우리를 위하여 천사들을 명령하신다고, 천사들을 통해서 우리의 모든 길을 지키신다고 기록되어 있습니다. 저는 윤이를 비롯한 어린아이들이 건강하게 자라나기 위해서는 수많은 천사가 필요하다는 생각이 들었습니다. 조용해야 할 공간에서 큰 소리로 우는 어린아이들은 분명 눈엣가시로 보일 수도 있습니다. 하지만 우리 모두가 어린아이였던 적이 있었음을 기억하고, 아이들의 성장과 미래를 위한다면 따뜻하게 이해해 줄 수 있으리라 생각합니다.

윤이가 많은 천사와 같은 어른들의 배려 속에 커가듯, 저도 다른 아이들에게 언제나 넓은 배려와 사랑을 보여주는 사람이 되고 싶습니다. 저와 여러분 모두, 자라날 다음세대 아이들에게 천사가 되어주길 주님의 이름으로 소원합니다.

윤아!

오늘 인생 첫 기차를 탔었는데, 재밌었지? 엄마 아빠가 보기에는 계속 신기하게 열을 쳐다보고, 울지도 않고 재밌게 잘 이동한 것 같아. 자리를 바꿔주시고 배려해 주신 승객분에게도 너무 감사하고, 앞으로 아빠도 더 주의 깊게 주변을 살피며 살아가야겠다는 생각이 들어. 조금만 신경 써서 살펴보면, 아빠의 배려와 도움을 필요로 하는 아이들이 있을지도 모르잖아? 그런 아이들에게 따뜻한 모습을 보여주고 싶어!

윤이와 윤이의 친구들이 모두 행복한 세상을 만들어갈 수 있도록, 엄마 아빠도 계속 기도하며 노력할게! 사랑해!

조용하게 서로 돕는 사명!

♥♥ ♥ ♥ ♥

　오늘은 제가 대학원 전공 모임이 있어서, 윤이를 아침부터 오후까지 돌봐줄 손길이 필요했던 날이었습니다. 평일이다 보니 쉽지 않았지만, 감사하게도 아버지가 시간을 내주셔서 윤이를 보러 와주셨습니다. 그런데 아버지만 오시는 게 아니라, 초등학생 조카도 함께 따라왔습니다. 제 눈에는 조카도 아이인데, 이제 좀 컸다고 동생을 돌보는 모습이 너무 귀여웠습니다. 윤이도 처음에 할아버지와 누나를 살짝 어색해했지만, 금방 함께 놀기 시작했습니다. 덕분에 저는 편안한 마음으로 모임에 참석할 수 있었습니다. 시간을 내주신 아버지에게, 또 어른도 윤이를 돌보는 게 쉽지 않은데 윤이랑 재밌게 놀아준 조카에게 너무나 감사한 하루였습니다.

> "하나님이 교회 중에 몇을 세우셨으니 첫째는 사도요 둘째는 선지자요 셋째는 교사요 그 다음은 능력을 행하는 자요 그 다음은 병 고치는 은사와 서로 돕는 것과 다스리는 것과 각종 방언을 말하는 것이라" (고린도전서 12장 28절)

　사실 아이를 돌보는 일은 눈에 보이는 큰 성과가 생기는 일은 아닙니다. 집에서 아이를 잘 보면, 그냥 아이가 하루를 보낸 것일 뿐 뭔가 만들어지거나 결과가 나오진 않습니다. 하지만 우리 모두는 그렇게 비생산적이고, 눈에 보이는 성과 없이 힘들기만 한 육아를 감당해 주신 우리의 부모님과 이웃들 덕분에 성장할 수 있었던 것입니다. 윤이에게는 아버지와 조카의 섬김이 오늘 하루를 살아갈 힘이 된 것입니다.

오늘 본문을 보면, 딱 봐도 중요하고 거창해 보이는 일을 하는 사람들이 쭉 나열되어 있습니다. 사도, 선지자, 교사, 능력을 행하는 자, 병 고치는 자 등은 딱 봐도 뭔가 교회에서 중요할 것 같은 사람들입니다. 반면에 중간을 보면 '서로 돕는 것'이라는 항목도 있습니다. 만약에 모두가 앞에서 가르치고 다스리고 지도하는 역할만 하려고 한다면, 교회는 바로 설 수 없습니다. 누군가는 서로 돕는 소중한 사역을 감당해줘야만 합니다. 저와 여러분에게 어떨 때는 더 눈에 보이고 앞장서는 역할이 맡겨질 수도 있습니다. 반대로 또 어떤 때는 조용하게 서로 돕는 사명이 주어질 수도 있습니다.

각자의 자리에서 주어진 사명을 감당하며, 하나님보다 앞장서지 않으려는 자세로 살아가는 저와 여러분이 되길 소원합니다.

윤아!

오늘은 할아버지랑 누나랑 재밌게 놀았지? 아빠가 와서 보니, 밥을 좀 적게 먹어서 배고파하는 거 빼고는 아주 컨디션이 좋더라. 근데 밥을 잘 안 먹는 거는 할아버지 잘못이 아니라, 그냥 윤이가 잘 안 먹은 거 니까! 어쩔 수 없단다.

그리고 사실은 아빠가 할아버지한테 이유식 먹일 때 물에 적셔서 줘야 한다고 제대로 알려드리질 못하고 급하게 나가는 바람에, 아빠 잘못인 거 같아. 미안해! 그래도 소유 누나가 윤이랑 엄청 재밌게 잘 놀아 줬거 같던데! 오랜만에 윤이가 가족들과 즐거운 시간을 보낸 것 같아서 아빠는 너무 기분이 좋아. 윤이를 돌보는 일이 사실은 겉으로 결과가 드러나는 일은 아닌 것 같아. 성과가 나오는 일도 아니고.

하지만 윤이를 돌보는 일만큼 소중한 일이 없다는 것을 아빠는 잘 알고 있어. 하나님이 우리 가정에 보내주신 선물이니까! 앞으로도 기쁜 마음으로 윤이를 잘 보살펴줄게!

사랑해!

처음에는 불안하지만,
점차 기쁨이 넘치게 될 것입니다!

♥♥♥♥♥♥

오랜 고민 끝에, 2월부터는 조금씩 어린이집을 보내기로 했습니다. 제가 3월부터 박사과정 수업을 들어야 해서, 아무래도 이제 집에만 있는 것보다는 어린이집에 다니는 게 더 좋다는 결정을 내렸습니다. 오늘 윤이는 10시 정도에 어린이집에 저와 함께 등원했습니다. 적응을 위해서 당분간은 제가 함께 1~2시간 정도만 같이 놀다가 돌아오기로 했습니다.

윤이는 처음에 살짝 어색해하더니, 금방 장난감들을 가지고 놀기 시작했습니다. 오히려 저를 보고 어린이집 다른 아이들이 낯을 가리며 울어서 그게 더 당황스러웠습니다. 거실에서 0세 반 친구들과 냄비를 두드리면서 놀고, 블록도 무너트리고, 삑삑 소리 나는 공도 가지고 놀았습니다. 11시에는 전체 아이들이 모여서 강사 선생님이 동화도 읽어주고, 다 같이 체험도 하는 그런 프로그램을 했는데, 윤이도 끝 쪽에 앉아서 형 누나들이 노는 것을 따라서 놀았습니다. 엄청 졸려 보였는데 놀이 프로그램 끝날 때까지 안 자고 버티더니, 결국 원장님 품에서 기절하듯 잠들었습니다. 11시 반쯤 잠든 윤이를 데리고 다시 집으로 돌아왔고, 오후에는 집에서 평소처럼 저와 단 둘이 시간을 보냈습니다.

이렇게 새로운 환경을 접하고, 새로운 패턴에 적응해야 하는 것이 아마도 윤이에게 혼란스럽고 힘든 시기가 될 것 같습니다. 하지만 이제 어린이집 일과표에 맞춰서 조금씩 생활패턴을 바꿔가고, 적응기를 잘 거친다면, 친구들과 함께 더 즐거운 생활을 할 수 있을 것이라 생각합니다.

> "주께서 나의 슬픔이 변하여 내게 춤이 되게 하시며 나의 베옷을
> 벗기고 기쁨으로 띠 띠우셨나이다" (시편 30편 11절)

변화는 자연스럽게 불안을 가져옵니다. 새로운 시도를 하고, 새로운 환경에 적응하려고 하면, 긴장되고 마음이 무거워지는 것이 당연합니다. 윤이도 아마 오늘 갑자기 평소에 자던 시간에 못 자고, 시끄러운 공간에서 많은 친구 형 누나들과 우당탕탕 시간을 보낸 것이 어색했을 것입니다. 그러나 다윗의 고백처럼, 슬픔은 춤이 되고 기쁨이 될 것입니다! 영원한 불안과 영원한 아픔은 없습니다. 적응기간에 고생하는 것도 사실이지만, 또 동시에 영원히 적응하는 일은 없습니다.

그러니 우리가 마음을 더 넓게 가져야 합니다. 변화를 시도하며 겪게 될 불안과 두려움에 사로잡히기보다는, 이 불안과 두려움을 극복한 후의 새로운 모습을 꿈꿔야 합니다. 슬픔에 과도하게 사로잡혀있기보다는, 이 슬픔을 춤으로, 기쁨으로 바꾸실 하나님을 의지해야 합니다. 사실 윤이도 어린이집에 적응해야 하지만, 저도 새로운 도전을 앞두고 여러 가지 적응이 필요한 상황입니다. 그 과정 속에서 불안에 사로잡혀있지 않고, 하나님을 의지하여 기쁨으로 이겨내고자 합니다.

저와 여러분 모두 기쁨으로 우리를 이끄시는 하나님과 동행하길 소원합니다.

윤아!

오늘부터 당분간은 새로운 환경에 적응하는 기간을 갖게 될 거야! 너무 힘들지 않도록, 아빠가 같이 있어주고 조금씩 어린이집에 있는 시간을 늘려가고, 잘 조절해 줄게! 하지만 영원히 적응하느라 고생하는 그런 일은 없을 거야! 반드시 적응이 완료되는 날이 올 거고, 지금의 어색함과 불안함은 편안함과 즐거움으로 변할 거야!

오히려 아빠랑 맨날 단 둘이만 있는 것보다, 많은 선생님들과 친구 형 누나들과 함께 하는 기쁨을 누릴 수도 있게 될 거야. 아빠도 사실 윤이랑 같이 어린이집에서 계속 있으니까, 차라리 집에서 둘이 있는 게 더 편한 거 같기는 하더라. 하지만 아빠도 힘내서 윤이의 적응을 잘 도와줄게!

차근차근 적응해 나가자! 사랑해!

과감하게 맡기는 것이 겸손입니다!

♥♥♥♥♥♥

  윤이는 이제 손가락을 야무지게 움직일 줄 알고, 최근에는 버튼을 누르는 법도 배웠습니다. 이제 혼자서 사운드북을 켜서 노래를 틀고, 박자를 타면서 놀기도 합니다.

  오늘도 사운드북을 비롯해서 이런저런 장난감들을 혼자서 잘 가지고 놀다가, 어느 순간 누르면 꽥꽥 소리가 나는 오리 그림책에 확 꽂혀서 한참을 씨름하기 시작했습니다. 그림책에 손을 넣어서 오리의 주둥이를 누르면 뻑뻑 소리가 나는 건데, 윤이가 아직 그 주둥이를 누르는 법은 모르는 것 같습니다. 알아서 해보라고 옆에서 지켜보고 있었는데, 갑자기 그림책을 저에게 던져줬습니다. 자기가 누르면 소리가 안 나는데, 아빠가 누르면 소리가 난다는 걸 아는 걸까요? 빨리 소리나게 해달라는 듯, 책을 들어서 저에게 던져줬습니다. 최대한 시도는 해보다가 안 되겠다 싶으면 바로 아빠에게 도움을 요청하는 모습을 보면서, 저는 너무 행복했습니다. 아빠를 해결사로 믿고, 주저 없이 맡길 줄 아는 그 모습이 사랑스러웠습니다.

  "너의 행사를 여호와께 맡기라 그리하면 네가 경영하는 것이 이루어지리라" (잠언 16장 3절)

오늘 본문의 말씀은 "너의 행사를 여호와께 맡기라"라고 조언하고 있습니다. 우리는 우리의 행사를, 우리의 일을, 우리의 능력을 우리 자신이 가장 잘 안다고 생각합니다. 우리가 직접 해결할 수 있고, 우리가 계획한 대로 결과를 이뤄낼 수 있다고 생각합니다. 모든 것을 스스로 해결할 수 있다고 믿는 것, 그것이 교만의 시작점입니다. 사실은 우리는 단 하루도 하나님의 은혜 없이는 살 수 없는 존재이기 때문입니다. 윤이가 과감하게 소리 나는 그림책을 저에게 맡겼던 것은, 윤이가 자기 자신은 못하지만 아빠는 할 수 있다고 믿었기 때문입니다.

반대로 말하면, 윤이가 스스로 할 줄 아는 일이라고 생각했다면 어떻게든 버티고 짜증을 내면서 그 일을 끝까지 붙잡고 있었을 것입니다. 우리도 비슷한 모습을 가질 때가 있습니다. 하나님께 맡기고 하나님의 뜻을 구해야 할 일을, 스스로 해결할 수 있다고 착각할 때가 있습니다. 그렇게 착각 속에서 한참을 붙잡고 있다 보면, 스트레스는 스트레스대로 받고, 일은 일대로 안 풀리는 경우가 허다합니다.

겸손하게 잘 판단하고, 하나님께 과감히 맡기는 저와 여러분 되길 소원합니다.

윤아!

평소에는 윤이가 알아서 하겠다고 막 짜증도 내고, 다 붙잡고 있는 경우가 많았는데, 오늘은 신기하게 아빠 하게 확 맡겨주는 걸 보며 너무 행복했어. 아마도 오리 인형에서 윤이의 한계를 느낀 거겠지? "아 이건 안 되겠다, 아빠에게 맡겨야겠다"라는 생각을 했으려나?

아무튼 아빠는 윤이가 하고 싶은 일이 잘 안 풀려서 힘들 때, 아빠에게 맡겨줬다는 게 너무 기뻤어. 아빠가 어려운 일 앞에서, 교만하게 그 일을 붙잡고 끙끙거리는 게 아니라, 하나님께 맡기면 하나님도 똑같이 기뻐하시겠지?! 윤이를 보며 하나님의 법칙을 점점 배우게 되는 것 같아서 너무 감사한 마음이야!

오늘도 너무 고생 많았어! 마지막 외출 일정 잘 마무리하고 푹 자자!

사랑해!

2023년 2월 4일
D+300, 9개월 25일

강함을 드러내려 애쓰는 삶이 아니라,
약함을 자랑하는 삶!

♥♥♥♥♥♥

　　이번 주에 윤이를 처음으로 어린이집에 보냈는데, 집에서 쉬면서 상당히 이상한(?) 감정을 느꼈습니다. 10시에 맡겼다가, 11시 조금 넘어서 데리고 왔으니 딱 하루에 1시간 정도만 맡겼던 건데, 그 1시간이 저에게 꿀 같은 휴식시간이 아니라 약간 불안한 시간이었습니다. 저는 처음에 윤이를 보낼 때, 정말 오랜만에 윤이가 없는 집에서 행복하게 푹 쉴 줄 알았습니다. 기분 좋게 1시간 놀다가 윤이를 데려오면 될 줄 알았는데, 이상하게 괜히 마음이 편치 않았습니다. 막상 윤이는 어린이집에서 신나게 놀고 있었는데, 쉬는 저는 불안함을 느끼고 있는 게 좀 웃긴 상황이었습니다. 또 이전에도 제가 외부일정이 있어서 자리를 비우던 날들이 종종 있었는데, 사실 그럴 때도 오랜만에 밖에 나가서 신나고 즐거운 마음보다는 뭔지 모를 먹먹한 마음이 들었던 것 같습니다.

　　혼자 기도하는 시간에 진지하게 제 마음을 돌아봤습니다. "왜 불안한 것일까? 왜 편히 쉬지 못하는 걸까?"라고 질문을 던져봤습니다. 조용히 혼자 있는 시간에 아래의 말씀이 떠올랐습니다.

　　"나에게 이르시기를 내 은혜가 네게 족하도다 이는 내 능력이 약한 데서 온전하여짐이라 하신지라 그러므로 도리어 크게 기뻐함

으로 나의 여러 약한 것들에 대하여 자랑하리니 이는 그리스도
의 능력이 내게 머물게 하려 함이라" (고린도후서 12장 9절)

세상은 우리에게 언제나 강해져야 한다고 말합니다. 재력이 있어야
하고, 인맥도 있어야 하고, 학력도 있어야 하고, 뭐든 잘하고 성공적으로
이뤄내야 한다고 가르칩니다. 하지만 예수 그리스도의 능력은 약한 데서
온전해지는 능력입니다. 그래서 바울은 그 그리스도의 능력을 누리기 위
해서 언제나 자신의 약함을 자랑한다고 고백하고 있습니다.

제가 육아를 하면서, 항상 마음속에 욕심이 가득했던 것 같습니다. 남
자가 전업육아 하는데, 애를 참 잘 키웠다는 그런 말을 듣고 싶었나 봅니
다. 성공적으로 아이를 키웠다는 말을 듣고 싶은 욕심이 있다 보니, 윤이
를 떼어놓고 혼자 있을 때도 계속 마음이 불편했던 것 같습니다. 솔직히
전업육아를 한다고 사람들에게 말하고 다니면서, 실제로는 대학원 준비
도 하고 강의도 들으러 다니고 이것저것 많은 일을 했습니다. 그 과정에
서 아내, 부모님, 장모님, 여동생 등 정말 정성껏 윤이를 돌봐준 손길들이
있었습니다. 그런데 저는 그런 일들은 슬쩍 말하지 않고 숨겼습니다. 처
음 만나는 사람들에게 마치 24시간 전업육아를 하며 아주 바쁘고 힘든 것
처럼 말했던 것 같습니다.

이제는 제 약함을 인정하고, 오히려 제 한계를 자랑하며 살고자 합니
다. 제가 윤이의 24시간을 다 채울 수 없음을 인정하고, 대신 그 빈 시간
들을 채워주는 도움의 손길들에게 감사를 표하고, 윤이를 성장시키시는
하나님께 의지하며 살아가야겠습니다. 저와 여러분 모두 스스로를 포장

하며 강함을 드러내려고 애쓰는 삶이 아니라, 약함을 자랑하며 그리스도의 능력을 경험하는 삶을 살아가길 소원합니다.

윤아!

오늘도 아빠가 강의 들으러 밖에 나와 있었는데, 외할머니랑 행복한 하루를 보냈지? 아빠는 오늘 글을 쓰면서, 아빠의 참 못난 욕심을 발견했어. 윤이를 잘 키운다고 칭찬받고 싶고, 윤이 키우느라 너무 고생한다는 그런 말들을 듣고 싶었나 봐. 그런 말들을 듣고 싶으니까, 윤이를 놓고 아빠가 다른 일을 하는 걸 숨기고 싶었나 봐.

그래도 이상하게 불편한 감정의 원인을 알게 되니 너무 마음이 편안해! 다음 주에는 윤이가 조금 더 긴 시간 동안 어린이집에서 시간을 보내게 될 거야. 이제는 아빠도 윤이 보내놓고 혼자 답답해하지 않고, 편히 쉬거나! 아니면 집안일을 깔끔하게 하거나! 공부를 하거나! 시간을 건강하게 잘 보내고 있을게.

약함을 인정할 때, 능력이 되시는 하나님을 의지하며 살아갈게. 사랑해 윤아!

김은진 ♥ 신희정 ♥ 김윤

에
필
로
그

2021년 7월. 이상하게 소화가 안 되고 속이 더부룩해 임신 테스터기를 확인해봤고, 윤이의 존재를 처음 확인했다. 며칠 전부터 이상하게 식물들이 싹이 나고 꽃이 피는 꿈을 연달아 꿨는데, 흙에서 자라나는 생명이 아니라 내 뱃속에서의 생명이 자라나는 꿈이었을 줄이야!

그 이후 우리는 출산과 육아를 어떻게 할 것인가에 대해 진지한 토론을 거쳤고, 날짜를 세어보니 계획한 것보다 더 완벽하고 자연스럽게 남편에게 육아 바톤을 전달할 수 있었다. 그렇게 내 출산휴가가 끝남과 동시에 남편은 전업 육아의 세계로 들어왔다. 사실 그 당시 육아 휴직하는 아빠, 전업으로 육아하는 아빠 이야기를 많이 읽고 들었던 터라 우리도 기록을 더해두면 좋지 않을까 라는 생각에, 육아 일기를 한편씩 써보면 어떨까 제안했다.

그 제안이 말씀과 연결되고 쌓이고 쌓여 책으로까지 나오게 된 것을 보며, 그 때부터 지금까지 남편이 정말 치열하게 살아온 것 같아 고맙고 또 감격스러운 기분이다.

이 책의 시작이 언제였을까를 생각해본 적이 있다. 육아를 처음 시작한 2022년 7월 1일? 블로그를 처음 만든 2022년 6월 30일? 아니면, 윤이가 태어난 2022년 4월 11일? 혹은 윤이의 존재를 처음 확인한 2021년? 그것도 아니면 나와 남편이 결혼한 2017년 12월 26일이나, 처음 서로를 알게 되었던 날일까?

윤이를 보면 항상 드는 생각이 있다. 하나님이 내게 보내주신 '선물'이라는 생각. 때로는 윤이를 잘 키우고 싶고, 많은 걸 해주고 싶은 욕심과 책임감에 힘들기도 하지만, 처음으로 죽고 싶지 않다는 생각을 들게 한 첫 존재이다. 돌아보면 윤이가 인생에 존재하기 전까지, 내 스스로를 아꼈던 적이 많이 없는 것 같다. 그렇지만 이제는 내가 없으면 안 될 윤이 덕분에 조금 더 열심히 오래 건강하게 행복하게 살고 싶다는 생각이 든다. (그래서 부디 남편도 이제는 몸에 좋은 음식을 먹고, 운동을 했으면 하는 바람이다.)

그렇다면 이 책이 처음 시작된 순간은 그 어떤 순간도 아닌, 하나님이 나를 계획하고, 남편을 계획하고, 우리 가정을 계획하고, 윤이를 계획한 태초의 그 시점이 아닐까 싶다.

이제 곧 윤이의 첫 생일을 축하하는 돌잔치를 앞두고 있다. 사실 돌잔치를 준비하며, 일년 동안 건강하고 이쁘게 커와 준 윤이를 축하하는 마음도 있지만, 남자로서 쉽지 않은 육아를 365일간 헌신해 맡아준 남편에게 고마움을 전하는 마음도 크다.

한 아이를 키우려면 온 마을이 필요하다는 말을 윤이를 키우며 더욱 실감하는 중이다. 책속에 등장하는 수많은 사람들의 관심과 사랑과 도움으로 윤이가, 또 우리 가정이 여기까지 성장할 수 있었지만, 내 결정에 따라 연고도 없는 안성에서 주양육자로 홀로 윤이를 키워준 남편에게 깊이 감사하고 미안하다.

돌이 되어가는 윤이는 사람을 좋아해 누구에게든지 웃어주며 반겨준다. 요새 유행하는 MBTI 를 해본다면 외향형인 E 중의 E가 나올 것 같다. 마치 세상의 모든 사람들이 자신을 좋아할 수밖에 없음을 안다는 듯이 사람들을 좋아한다. 이런 윤이의 성격은 내가 아닌 남편을 닮은 것이고, 남편이 여유로운 마음과 매일 육아일기를 쓰는 사랑의 눈으로 윤이를 키운 덕분이라 생각한다.

매일 밤 윤이가 커가며 일어나는 모든 어려움을 내가 대신 해줄 수는 없지만, '어려움을 이겨낼 만한 넉넉함'과 '세상을 살아가는 것에 대한 감사함'으로 살아가는 윤이가 되길 기도한다. 또 사랑하고 사랑받을 줄 아는, 행복하게 살아가는 윤이가 되길 기도한다. 이 책에 담긴 아빠의 사랑이, 윤이가 그렇게 세상을 살아가는 힘이 되어줄 것 같아 든든하고 남편에게 더욱 감사하다.

2023년 4월
윤이 엄마 신희정